Alban Stolz

Mörtel für die Freimaurer

Alban Stolz

Mörtel für die Freimaurer

ISBN/EAN: 9783743302679

Hergestellt in Europa, USA, Kanada, Australien, Japan

Cover: Foto ©ninafisch / pixelio.de

Manufactured and distributed by brebook publishing software (www.brebook.com)

Alban Stolz

Mörtel für die Freimaurer

Mörtel
für die Freimaurer

von

Alban Stolz.

Vierte Auflage.

Freiburg im Breisgau.
Herder'sche Verlagshandlung.
1863.

Zur dritten Auflage.

Ich bin in dieſer Schrift offen mit meinem Namen aufgetreten. Alle Angriffe dagegen ſind bis jetzt aus dem Verſteck geſchehen, d. h. die Verfaſſer nennen ſich nicht. Solches Verfahren liegt in der Natur der Freimaurerei, iſt aber kein ehrlicher Kampf. Daher wird es jeder verſtändige Leſer in Ordnung finden, daß ich auf ſolches Bellen hinter dem Zaun keine beſondere Antwort gebe.

Vorsorge.

Da diese kleine Schrift zum Angriff gegen den babylonischen Thurm des Freimaurerthums auslaufen soll, wird es nicht überflüssig sein, dieselbe mit einem Panzer zu decken, gleich dem Monitor in den amerikanischen Gewässern. Es kommt nämlich Vieles in diesen paar Bogen vor, was einem Freimaurer eingehen mag wie ungelöschter Kalk, und wird deßhalb Rauch und Staub aufregen und zornige Erwiederungen. Die zwei Geschütze, welche dagegen aufgeführt werden mögen, sind voraussichtlich der Vorwurf von Unwissenheit, da ich kein Freimaurer sei, folglich das tiefere Wesen dieser geheimen Verbindung nicht kenne; sodann der Vorwurf der Lieblosigkeit, indem ich die zahllose Menge all' der Ehrenmänner, welche Freimaurer sind und mir nie etwas Leids gethan, angreife und verunglimpfe.

Bezüglich des ersten Vorwurfes, so habe ich mir seit einiger Zeit die Mühe genommen, in viele Schriften, welche theils von Freimaurern selbst, theils von ihren Gegnern geschrieben sind, mich hineinzulesen. Ich werde deßhalb wohl mehr darüber zu sagen wissen, als ein gewöhnlicher Freimaurer selbst weiß, der in der Regel höchstens einige Schriften dafür gelesen hat und vielleicht meint, was etwa in seiner Loge vorkommt, das sei überall und allzeit auch in andern Logen Uebung und sonst nichts. Ich wäre sogar erbötig vor einem Großmeister mich einer Concursprüfung mit einer beliebigen Anzahl Freimaurer zu unterziehen, und bin versichert, daß ich besser bestehen würde, als die eingeweihten Brüder. Diese Behauptung darf man mir nicht als Eitelkeit auslegen, denn 1. weiß ein Freimaurer der gewöhnlichen Sorte außerordentlich wenig, er wird nur wie ein Papagei in einigen Redensarten geübt, und 2. findet sich in Geschichte und Inhalt des Freimaurerthums keine wahre Nahrung für Geist und Gemüth, hingegen viel hohles Geschwätz und Aufputz mit Geheimnissen, bei deren Untersuchung ungefähr so viel Solides herauskommt, als wenn man die Geheimnisse eines Strohsackes untersucht. Ein vernünftiger Mann wird daher nimmermehr ob der Kenntniß des Freimaurertrödels von Eitelkeit besonders angefochten werden.

Den andern Vorwurf betreffend, als sei es schlecht christlich und sehr ungeistlich, so tugendhafte Wohlthätigkeits- und Menschheitveredelnde Männer, wie die Freimaurer sein wollen, verächtlich zu machen und anzufeinden — so gelte als Antwort: Ich habe es hier nicht auf Persönlichkeiten abgesehen. Allerdings flößt mir der Umstand, wenn Einer Freimaurer ist, für ihn keinen absonderlichen Respekt ein; doch mag ich am Freimaurer noch den Menschen achten und lieben. Aber gerade, weil Viele unter ihnen guten Willen haben und nur irregeführt sind, möchte ich solche über die Mummerei und die Spiegelfechterei des Freimaurerthums zur Besinnung bringen — und Andere, nach welchen schon Netz oder Angel geworfen ist, rechtzeitig verwarnen. Abgesehen aber auch von einer bestimmten Wirksamkeit dieser Schrift bei den Freimaurern, so ist die Wahrheit selber etwas werth und soll rücksichtslos hier gegeben werden. **Warum soll denn die Winkelwirthschaft der Freimaurer allein hinter dem Vorhang bleiben dürfen, während man überall Oeffentlichkeit verlangt?**

Um jedoch nicht unnöthiger Weise zu beleidigen, bemerke ich, daß die anrückenden Anschuldigungen gegen die Freimaurerei keineswegs sich auf alle Mitglieder beziehen, da gewiß Viele unter ihnen gutgesinnte Männer sind, welche entweder zu wenig kennen, was unter der Decke der Freimaurerei kriecht, oder in der Lage sich befinden, wie sie Seite 14 bezeichnet ist — wie es anderseits in vielen Städten und Städtchen eine zahllose Menge Personen aller Stände gibt, welche äußerlich keine Freimaurer sind, die aber Gesinnungen haben, als wären sie schon Jahre lang in der Beize der Freimaurerei gelegen.

Das Titelkupfer.

Vor mehreren Jahren saß ich einmal an der uralten Karavanenbrücke zu Smyrna und schaute zu, wie fortwährend lange Reihen von Kameelen darüber zogen. Sie kamen aus dem Innern von Asien und waren mit Waarenballen beladen, welche in der Stadt und an dem Meereshafen abgesetzt werden. Jeder von den verschiedenen Kameelzügen bestand aus ungefähr 20 bis 30 Stücken oder auch noch mehr, welche in der Art zusammengekoppelt waren, daß immer ein Kameel hinter dem andern ging; die Spitze jedes einzelnen Zuges aber bildete ein Wesen, das zwar an Leibesgröße beträchtlich den Kameelen nachstand, hingegen an geistiger Begabung ihnen ebenbürtig war, nämlich ein Esel; dieser war der Führer, oder wenn man lieber will der Leithammel des Zuges, welchem die Kameele getreu und getrost folgten. Dessenungeachtet war aber der betreffende Esel nur ein untergeordneter Vorstand, obschon er und die Kameele der Ansicht sein mögen, sie bekämen lediglich von ihrem Esel den Weg gezeigt und die weise Richtung. Neben und hinter jedem Zug nämlich liefen einige Mohren einher, von welchen das Ganze überwacht und geleitet wurde, die aber von dem vermeintlichen Führer und den meisten Kameelen selten nur gesehen wurden. Während die Kameele mit ihrem grauen Herzog oder Großmeister ernst und gravitätisch einherschritten, so hatten es die Mohren wenig auf würdevolles Wandeln abgesehen, sondern liefen unruhig und ohne Rhythmus bald vor bald zurück oder setzten sich zuweilen auch einem Kameel auf den stolzen Höcker. Zudem waren die Mohren keineswegs hübsch gekleidet, sondern im Anzug verwahrlost; hingegen hatte jedes Kameel Insignien am Hals hängen, messingene Halbmöndchen, mohamedanische Amulete und allerlei kuriose Fetzen von rothgefärbtem Zeug, was alles seine geheime Bedeutung hat; der Leitesel aber war ausgezeichnet durch eine kleine Schelle, ein Symbol seines helltönenden mündlichen Vortrags, und ging feierlich einher, wie Sarastro in der Zauberflöte.

Ich kann nichts dafür, daß mir bei diesem Anblick sogleich die Freimaurer einfielen; warum, dieß will ich hier nicht genau erläutern; die Freimaurer geben sich ja gern mit Symbolen ab, und sind lauter sinnreiche Männer, darum mögen sie selbst darüber sich besinnen, wer durch die Kameele, wer durch den Esel und wer durch die Mohren symbolisirt ist. Andere Leute, die es nicht bis zu dem Hell=Licht eines Freimaurers gebracht haben, mögen in meinem Buche „Besuch bei Sem, Cham und Japhet" nachlesen, worin die besondere Aehnlichkeit jener Kameelzüge mit dem Freimaurerwesen bestehe, überhaupt wie dieß gemeint ist.

Die Mohren.

Viele Leute meinen, alles Schlimme, alle Wühlerei, aller Umsturz in Kirche und Staat komme von den Freimaurern; diese hätten die ganze Welt umsponnen und Alles in der Gewalt. Diese Meinung mag auch der Grund sein, weßhalb da und dort schon Fürsten und hochgestellte Personen in den Freimaurer=Orden sich aufnehmen ließen. Sie haben wahrscheinlich kalkulirt, sie seien dann sicherer auf ihrem Thron oder auf ihrem Kanapee, wenn sie sich von dieser großen Henne, von der Freimaurerbrüderschaft unter die Flügel nehmen ließen. Ich für meine Person bin der Ansicht nicht, daß gegenwärtig in Teutschland die Freimaurer besonders politisch gefährlich oder gar dunkelroth seien. Bei weitem die meisten Freimaurer wollen keine Revolution; sie wären ja nicht gescheidt, haben sie doch ihr Schäfchen im Trockenen, sie sind Ehrenmänner und Lebemänner, sie essen gern und trinken gern, und machen sich auch gern sonst noch anderweitige Vergnügungen. Es ist ihnen sehr wohl in der Welt, und es wäre ihnen überaus anständig, wenn es nur immer so fortginge. Darum brauchen sie jetzt gerade keine Revolution.

Freilich gleicht diese Masse der behäbigen Maurer einer großen Mulde voll Teig; wer hineingreift und „werchet", der gibt dem Teig Gestalt. Und es ist gewiß, daß es Mohren gibt, welche in das Freimaurerthum zeitweise eingreifen um es zum Zweck des Umsturzes zu brauchen — allein der Arbeiter sind oft zu wenige und der Teig ist zu dick und träg, als daß er gehörig durchgearbeitet werden könnte. Ein Muster unter diesen Mohren, die dem großen Kameelzug Richtung zu geben suchen, ist der Mazzini in Italien, dieser alte Maulwurf; der wühlt gründlich und mit Ausdauer und weiß, was er will. Der Art gibt es aber heutigen Tages wenige; so z. B. soll sein Landsmann im rothen Hemd, Garibaldi, zwar Großmeister des Freimaurerordens sein; allein zu den Mohren ist er nicht zu zählen — er gleicht mehr dem Anführer des Zuges mit der angehängten Schelle und der trompetenartigen Stimme. Denn wenn er auch an Thron und Altar rüttelt, so ist eben, was er schwätzt und schreibt und treibt, mit zu vielem Unsinn melirt, als daß man ihn für einen Führer ansehen könnte, welcher an Verstand und Planmäßigkeit weit über einem ordinären Freimaurer steht.

Die Andern.

Wir wollen die eigentlich staatsgefährlichen Frei=

maurer auf die Seite stellen und in Ruhe lassen, und uns zunächst nur mit der gewöhnlichen Sorte, mit der zahllosen Menge der zahmen Freimaurer, beschäftigen. Diese, wie es den Anschein hat, ziemlich harmlose Stadtphilister mögen zum Theil noch glauben, ihre Gesellschaft sei etwas Schönes und Ehrenwerthes: in Wahrheit aber ist die Freimaurerei ein schleichendes Gift für die menschliche Gesellschaft. Diese schwere Anklage will ich nun begründen, und sage:

Erste Anklage. Der Charakter der Freimaurerei ist vor Allem Verstecktheit und Geheimnißkrämerei. Die Welt darf die Namen der Mitglieder nicht wissen, die Welt darf ihre Statuten nicht wissen; Verstellung und Hehlerei treiben sie auch noch untereinander, indem Einer, der schon den sogenannten Meistergrad erreicht hat, dem Andern, der nur ein sogenannter Geselle ist, verhehlen muß, was er im höhern Grad mitgetheilt bekommen hat; ein ehemaliger Freimaurer schreibt selbst: „sie betölpeln einander." Insbesondere werden Lügen und Vorspiegeleien angewandt, wenn es sich darum handelt, wohlhabende Männer, deren Geld und Ansehen man brauchen kann, für die Freimaurerei zu werben, oder nach dem Studentenausdruck zu „keilen". Es wird solchen vorgeschwätzt, die Freimaurer seien vorzüglich eine Gesellschaft um wohlthätige Zwecke, Humanität zu befördern, höhere Erkenntnisse zu gewinnen; die Religion komme dabei nicht in das Spiel u. s. w. Dadurch wird dann mancher sonst rechtschaffene Mann verlockt sein gutes Geld daran zu setzen und sich aufnehmen zu lassen, welchen es später reut, aber der einmal aufgenommen nicht mehr den Muth hat auszutreten. Daß dieses krumme Wesen und Versteckens-Spielen der Freimaurerei so recht eigenthümlich ist, zeigt sich auch darin, daß die Freimaurer in vielen, besonders in kleinern Städten ihr Versammlungshaus am liebsten in einer abgelegenen Gasse haben und sich hineinschleichen in ganz gleicher Weise, wie liederliche Männer in ein Todsünderhaus zu schleichen pflegen.

Ich sage nun so: Wenn Männer auf solche Weise in ihr Gesellschaftslokal sich hineinschlängeln, daß sie dabei nicht gekannt sein wollen, so sind nur zweierlei Gründe denkbar. Entweder geht es in einem Freimaurerhaus ungebührlich zu, so daß sich die Mitglieder schämen oder scheuen müssen von dem Publikum dafür angesehen zu werden; oder es geht nichts Böses und Gefährliches darin vor. In letzterm Fall ist ihnen das Versteckens-Spielen, das Heimlichthun an und für sich eine werthe Sache, eine armselige Eitelkeit, die sich vor der Welt geheimnißvoll geberdet, und dieses gibt der ganzen Gesellschaft einen Anstrich von Falschheit und Unmännlichkeit. Deßhalb steht allerdings dem Freimaurer sein Abzeichen, die Schürze ganz gut; nur sollte er dazu auch noch eine Weiberhaube aufsetzen und statt des Hämmerleins oder der Kelle ein Küchenwerkzeug, etwa einen Kochlöffel in die Hand nehmen, zumal da die Freimaurer feinen Mahlzeiten besonders hold sein sollen, wie die Nachtigallen den Mehlwürmern.

Man könnte etwa einwenden, die ersten Christen in Rom hätten auch an verborgenen Orten ihre Versammlungen gehalten und doch sei dabei nichts Schlechtes vorgegangen. Allein sie haben sich verborgen, weil sie von den Heiden verfolgt wurden; hingegen die Freimaurer haben heutigen Tages keine Verfolgung zu fürchten; gegenwärtig darf man in öffentlichen Schriften Gott läugnen und öffentlich die rothe Republik anpreisen — was haben denn die Maurerbrüder für gefährliche Geheimnisse, die sie verbergen müßten? Im Gegentheil, die Wasserreden, womit die Freimaurer einander gewöhnlich benetzen, nehmen sich ziemlich zahm aus; sie könnten sie von den Dächern träufeln lassen, ohne daß ihnen selbst die Berliner Polizei etwas in den Weg legen würde. Aber freilich, wenn ihre Reden und ihr Thun ganz offen wäre, so hätte die armselige Eitelkeit kein Futter mehr; die Welt würde wahrnehmen, wie hohl, abgeschmackt und kindisch ihre vorgeblichen Geheimnisse sind, ähnlich leeren Hutschachteln; deßgleichen hätte es ein Ende mit der Prahlerei von der tiefen Weisheit ihrer Lehren, womit Männer ohne gründliche Bildung am Narrenseil herumgeführt werden. Und sie würden die Lüge, daß ihr Orden bis in's tiefste Alterthum zurückgehe, nicht mehr vorbringen können, da geschichtlich nachgewiesen ist, daß die Freimaurerei erst im Jahr 1717 angefangen hat; wenn sie dessenungeachtet 5600 schreiben, so hat das nur insofern einen Sinn, als vor so vieler Zeit allerdings die Vorbilder der Freimaurer, wie ich sie auf der Karavanenbrücke zu Smyrna gesehen, damals schon existirten.

Zweite Anklage. Friedrich der Zweite äußerte kurz vor seinem Tod: „Alchemie und Theurgie haben ihren Ursprung in der Freimaurerei, ich verlache alle diese Thorheiten." Der Kaiser Joseph nannte in einem öffentlichen Erlaß das Gebahren der Freimaurer: „Gaukeleien." Und Napoleon I. nannte sie Dummköpfe (imbécilles), die sich versammeln um gute Mahlzeiten zu halten. In Wahrheit kommen bei der Aufnahme in manchen Logen Dinge vor, daß man sich wundern muß, wie Männer solche Kindereien und Possen mitmachen mögen und noch ernsthafte Gesichter dazu schneiden. Schon die Abzeichen, welche der Freimaurer bei seinen Festen anhängt, gleichen den Sternen und Kreuzen von Pappendeckel und Goldpapier, womit kleine Buben einherstolziren, wenn sie Soldaten spielen. Die sogenannten Ceremonien, wie sie in Freimaurerbüchern selbst geoffenbart werden, sind mannigfaltig nach Zeit und Land; es kommen vor Rituale, Zeichen, Wort und Griff, Frag- und Antwortformeln, lebende Bilder, — aber die meisten sind viel abgeschmackter als sie früher bei den Zünften der Leineweber oder Hutmacher üblich waren. Gibt es etwas Läppischeres, als wenn ein sonst ordentlicher Mann ein Schürzlein von weißem zartem Leder umgebunden hat, eine Kelle oder ein Hämmerlein in der Hand, ein geckenhaftes messingenes Spielzeug angehängt — und ein ernsthaftes Gesicht dazu macht; während es mehr Verstand bei ihm zeigen würde, wenn er hellauf lachen würde über diese Fastnacht das ganze Jahr hindurch. Es ist darum nicht zu verwundern, wenn heutigen Tages kein geistig durchgebildeter Mann an diesem Tröbel ernstlich Theil nimmt. Wenn ein Solcher Freimaurer ist, so thut er es aus Spekulation, nicht aus Glauben daran oder Respekt davor; er will die große Hammelheerde entweder leiten oder scheeren. Die Freimaurerei mag früher eine gewisse Bedeutung gehabt haben; sie hat eine weitläufige Geschichte — aber gegenwärtig ist sie dem geistigen Bankerott nahe. Großentheils stehen die Mitglieder auf einem Bildungsgrad, worin man einer Rede voll Gemeinplätzen und allgemeinen Redensarten mit Andacht zuhört, und mit unbedingtem Glauben die Leitartikel der nächsten besten Zeitung liest. Die Freimaurerei gehört schon zu den Moden, welche von den geistig vornehmeren Leuten aufgegeben ist, und woran sich jetzt hauptsächlich noch der Mittelstand ergötzt und darauf hoffärtig ist. Wenn man mir daher sagt, der und der sei Freimaurer, so kommt mir alsbald der Gedanke, derselbige der sei vielleicht ein wenig eitler, ein wenig bornirter, ein wenig disponirter sich an der Nase herumführen zu lassen, ein wenig unreligiöser und ein wenig wohlhäbiger und üppiger, als seines Gleichen. Beim Volke stehen ohnedieß die Freimaurer in einem noch viel schlimmern Geruch, sie werden angesehen als Menschen, die aller Religion abgesagt haben; und obschon sie wahrhaftig keine Hexenmeister sind, so ist doch auf dem Lande der Name Freimaurer ebenso schimpflich, wie der Name Here. Darum ist meine zweite Anklage: Der Freimaurer macht sich lächerlich und schädigt seine eigene Ehre vor jedem vernünftigen Mann; denn wenn es ihm Ernst ist mit der Freimaurerei, dann leidet er ganz ernstlich an feinem Blödsinn und Mangel an gesundem Menschenverstand, — und wenn es ihm nicht Ernst damit ist, wie bei allen wirklich gescheidten Freimaurern der Fall ist, so ist er eben, um es einfach und noch gelind zu sagen, ein Mann, der lieber auf krummen als auf geraden Wegen geht.

Allerdings gibt es auch noch eine dritte Klasse unter den Freimaurern, welche zwischen Thür und Angel steht; es sind die, welche sich durch allerlei Vorspiegelungen, als gehen die Zwecke der Freimaurerei auf lauter Humanität und Heil der Menschheit hinaus, zum Eintritt verlocken ließen und hintennach sehen, daß die Humanität der Freimaurer hauptsächlich auf den eigenen Leib oder höchstens auf einen und den andern verlumpten Bruder sich erstreckt, und sonst viel Trug und Schwindelei und blauer Nebel dabei ist. Mancher würde deßhalb den Freimaurertrödel dem Stuhlmeister vor die Füße werfen und austreten, oder wie die Freimaurer sagen: „decken", wenn er nicht Scheu trüge, sich den aushältigen Zorn der ganzen Sippschaft zuzuziehen. Uebrigens kann man immerhin solchen Männern den Vorwurf der Unbesonnenheit machen, d a ß sie in eine Gesellschaft getreten sind, deren Zweck sie nicht wissen, daß sie Obern Gehorsam gelobten, welche sie nicht kennen.

Dritte Anklage. Die Maurer verschlemmen viel Geld, beeinträchtigen die Familie und die Gemeinde. Ich habe ein Buch vor mir liegen mit dem Titel: „Der Freimaurer, von J. B. Kerning. Dresden 1844." Der Verfasser will in einer Art von Roman die Herrlichkeit und Tiefe der Freimaurerei der Welt anpreisen, und nichts als Schönes und Gutes davon sagen. Gewöhnlich sind bei den sächsischen Bücherstellern sehr wenig solide Gedanken in der Brühe weitläufigen Geschwätzes zu finden; aber einige scheinbare Nebenumstände, welche dieser in der Wolle gefärbte Freimaurer erzählt, verdienen doch Beachtung; sie zeigen, was bei den Freimaurern eine Hauptsache ist. Ich will Einiges daraus wörtlich anführen. S. 73. „Sie setzten sich an einen kleinen, aber gut bestellten Tisch. Alle drei ließen sich's trefflich schmecken. Gompharbt machte im Gefühl seines Wohlbehagens die Bemerkung: Gesunder Appetit und gute Speisen seien solche positive Genüsse, daß kein Stoiker und kein Eremit sie zu einer bloßen Einbildung herabwürdigen könnten." S. 90. „Die kostbarsten Gerichte wechselten auf dem Tisch, die leeren Flaschen wurden durch volle ersetzt, und so war die Gesellschaft, als es Mitternacht schlug, in einer Stimmung, die nicht fröhlicher hätte sein können. Der Champagner, der nun in Menge aufgetragen wurde, löste die Zungen zu Denksprüchen und Toasten." S. 98. „Man speiste und trank gut." S. 103. „Alle füllten die Gläser und leerten sie." S. 137. „Der Abend des festlichen Mahles erschien. Das Lokal war äußerst geschmackvoll eingerichtet und die Gäste fingen während des Essens schon an, ihrem großmüthigen Spender Lobeserhebungen zu machen." S. 141. „Alle tranken mit begeisterter Zustimmung." S. 231. „Es wurde abgespeist und Almarkus trank mit einem Kelche Johannisberger seinen Gästen Gesundheit." S. 240. „Aus diesem Grunde wurde ein feierliches Mittagessen veranstaltet." S. 253. „Man setzte sich zu Tische. Es wurde gut und mit fröhlicher Stimmung, der besten Würze eines jeden Mahles, gespeist." S. 254. „Alle tranken dem zurückgekehrten

Hausbesitzer begeistert ihr Willkommen zu." S. 257. „Er trank das Glas bis auf den Grund und Alle stimmten ihm feierlich bei."

Nun dieses viele und gute Essen und Trinken bis auf den Grund in Johannisberger, Champagner oder selbst nur in sauerm Markgräfler kostet auch viel Geld. Was bei einer einzigen Schmauserei der Kopf oft zahlen muß, davon könnte die ganze Familie eine Woche lang und noch länger zehren. Insbesondere sind auch die Aufnahmsgelder sehr hoch und die fortwährenden Steuern zu vorgeblich guten Zwecken. Schon mancher Freimaurer, der sich angeln ließ durch die Hoffnung sein Gewerb dadurch in die Höhe zu bringen, hat schlechte Rechnung dabei gemacht. Fünfzig Gulden Aufnahmsgeld zahlen, unter allerlei Titel zu allerlei Anlässen abermals zahlen, das bekommt zuletzt ein bedenkliches Uebergewicht, so daß der Gewerbsvortheil dagegen aussieht, wie ein ausgehungertes Kaninchen gegen ein Mastschwein. Man sagt zudem, die Freimaurerbrüder erfahren meist selber nie, was die Stuhlmeister und Regenten mit diesem Geld machen. Wohl mögen sie viel zu Unterstützung brauchen, da sich Mancher deßhalb in die Maurerei aufnehmen läßt, der dem Schiffbruch nahe ist, oder Versorgung sucht.

Ein Freimaurer muß überhaupt auch ein kurioser Familienvater sein. Ist er unter Tag bei seiner Berufsarbeit, so soll er Nachts in die Loge schleichen. Da aber der Freimaurerei das Geheimniß wesentlich ist: so bricht er entweder seinen Eid, wenn ihm die mit Eva blutsverwandte Frau durch mißbegierliche Fragen zusetzt, oder er erweist sich ihr gegenüber als hermetisch verschlossener

Geheimniß-Mann. Und so mag es dann leicht geschehen, daß sich das Eheweib auch berechtigt glaubt, ihre Geheimnisse vor dem Mann zu haben und zu treiben. Es gehört doch gewiß wesentlich zu einer guten Ehe, daß Mann und Frau keine Geheimnisse vor einander haben; jeder Ehetheil soll der innigste Vertraute des andern sein. Durch die Freimaurerei muß aber das eheliche Vertrauen mehr oder weniger untergraben werden. Ich will nicht behaupten, daß der Ehebruch im schattigen Gebüsch des Freimaurerthums besser gedeihe, als anderswo, nur bemerke ich beiläufig, daß ich einmal in einer Gesellschaft zuhörte, wie ein nordteutscher Schiffskapitän sich dreier Dinge rühmte, und zwar gerade so, als gehörten diese drei Dinge zusammen: 1. daß er Freimaurer sei, 2. daß er dem Ehebruch ergeben sei, 3. daß er stets die Stunden der Andacht auf dem Schiff mit sich führe. — Auf dem Verdeck seines Schiffes liefen ein Paar junge Schweine sehr ungeberdig umher; ob das zu den Symbolen gehörte? — Dieß Exempel berechtigt zwar noch nicht, die Freimaurerei als Nest des Ehebruchs anzuklagen; ich führe es nur an um zu zeigen, wie ein Ehebrecher Appetit zur Freimaurerei, und ein Freimaurer Appetit zum Ehebruch haben kann, ohne daß eines das andere stört. Es kommen allerdings Ehebrüche auch bei Leuten vor, die nichts weniger als Freimaurer sind. Allein es wird sich doch Niemand dieses Lasters rühmen und zugleich sagen, er sei ein guter Christ. Daß aber jener Freimaurer sich gleichzeitig und gleichmäßig zu diesem Laster und zur Maurerei bekennt, wirft ein eigenes Licht auf diese Geheimbündelei.

Deßgleichen ist das Freimaurerwesen auch eine Störung für das Gemeindewesen. Der unbefangene offene Verkehr der Bürger unter sich leidet dadurch; Falschheit, Verstellung, Mißtrauen, Parteilichkeit, Verdächtigung, ungerechte Zurücksetzung müssen um sich greifen. Der Freimaurer kennt seine Genossen; bei denen kauft er und läßt arbeiten — andern Gewerbsleuten, die keine Maurer sind, gibt er nichts zu verdienen. Hingegen andere Leute wissen gewöhnlich nicht, wer Freimaurer ist, geben deßhalb solchen wie jedem Andern Arbeit. Daher hat der Freimaurer eine doppelte Kundschaft, Freimaurer und ordentliche Leute; hingegen der ehrliche gerade Bürger hat nur halbe Kundschaft, indem die wohlhäbigen Freimaurer nur ihren eigenen Leuten Verdienst zuwenden. Ferner haben in vielen Orten die Reichen ohnedieß große Neigung mit dem Gemeindevermögen nach Belieben zu handtieren, das Interesse des armen Mannes und seine Stimme nichts gelten zu lassen, z. B. luxuriöse Anlagen herzustellen, großartige Feste zu veranstalten; statt aber durch entsprechende Umlagen die Reichen zu betheiligen, lieber dem gemeinen Mann, welcher nichts von jener Ueppigkeit hat, den Bürgernutzen vorzuenthalten. Allerdings kommt solche Wirthschaft nicht bloß von eigentlichen Freimaurern, aber es läßt sich solches am leichtesten mit deren Beistand durchführen, da sie zusammenhalten wie Froschlaich und ein gemeinsames Commando haben.

Vierte Anklage. Die Maurerei ist eine bösartige Schmarotzerpflanze im Staat, insofern die Mitglieder nach allen Seiten hin einander unterstützen und beför-

dern und deßhalb Andere, welche nicht in die Freimaurer-
loge schleichen mögen, zurückgesetzt und beeinträchtigt
werden, selbst wenn sie viel tauglicher und verdienter
sind. Dieser Umstand wirkt verderblich auf alle Lebens-
verhältnisse. Hat ein Freimaurer als Beamter, als
Bürgermeister u. dgl. eine entscheidende Stimme, wo
ein Dienst vergeben, ein Akkord abgeschlossen, Unter-
stützungen aus öffentlichen Mitteln verabreicht werden
sollen, so ist zu befürchten, daß eben der Freimaurer vor
allen andern Bewerbern bedacht und vorgezogen werde.
Wenn Richter oder Geschworene Freimaurer sind, so entsteht Argwohn, daß sie parteiisch richten und nicht rein nach
Gerechtigkeit stimmen, wenn unter den vor Gericht Gestellten Einer zu den Brüdern Freimaurer gehört. Sind
die Minister eines Landes Freimaurer, so müssen sie
darauf bedacht sein, ihren Brüdern besonders zu guten
Stellen zu verhelfen. Sie betrügen den Fürsten, indem
sie ihm Personen zu Aemtern vorschlagen unter dem
Vorgeben, als seien sie die würdigsten und tüchtigsten;
in Wahrheit aber bloß darum, weil sie Maurer sind.
Diese Erwartung, daß die Freimaurer ihren Angehörigen
überall den Vorzug geben, sie empfehlen, Gelegenheit zum
Verdienst ihnen zuwenden — ist auch die Ursache, warum
Viele, Geschäftsleute, Aerzte und solche, die ein Amt oder
Beförderung suchen, Freimaurer werden. Sie hoffen auf
diese Art eher gefördert zu werden. Je mehr nun dieser
Unfug in einem Lande oder einer Stadt überhand nimmt,
desto mehr werden die Andern, welche nicht zur Freimaurer-
sippschaft halten, benachtheiligt. — Die Freimaurer sau-
gen wie Schmarotzerpflanzen den besten Saft an sich.

Der preußische General von Marwitz hat die Freimaurerei zum Gegenstand seiner besondern Untersuchungen gemacht; er sagt in seinen Denkwürdigkeiten: „Im Ganzen steht es so mit der Sache: obenan stehen die **Schlimmen**, welche Reichthum, Herrschaft und Genuß für sich selbst wollen, und welchen alles Uebrige nur Mittel zum Zweck ist. Dann kommen die **Enthusiasten**, welche die Herrschaft der Vernunft verbreiten wollen, es koste, was es wolle. Endlich die **Bornirten**, welche mit etwas Geld Gutes thun und sich dabei vergnügen wollen. Jede dieser Hauptstufen glaubt mit ihr sei der Orden abgeschlossen, und ein Meister vom Stuhl der Bornirten würde Maul und Nase aufsperren, wenn er erführe, daß es über ihm noch Enthusiasten gibt; ebenso würden die Sentimentalen es als Lüge bestreiten, wenn sie behaupten hörten, daß die Intriguanten ihre Hauptleiter seien. Wie gefährlich ein solcher Geheimbund ist, springt in die Augen; denn selbst die Unschuldigsten unter ihnen, die Bornirten und Sentimentalen, stiften doch immer den Schaden, daß sie sich gegenseitig durch die Welt helfen, sich einander zu Anstellungen empfehlen und andere ehrliche Leute verdrängen. Es ist wirklich erstaunlich, welche Menge schlechter und unbrauchbarer Kerle auf diese Weise zu Anstellungen und zu Einkünften gelangen, und wie nachsichtig sonst rechtschaffene Vorgesetzte gegen Untergebene sind, mit denen sie in den Logen verkehren."

Ein sächsischer Beamte, der lange Stuhlmeister war, gab 1854 ein Buch heraus mit dem Titel: **Die Gegenwart und Zukunft der Freimaurerei**. Dieser sagt: „Gegenwärtig macht sich das Philisterthum mit allen seinen spießbürgerlichen Unausstehlichkeiten drin breit und redet zuweilen völligen Unsinn, und Jeder strebt nach einer Stelle in der Loge um irgend einen Vortheil zu gewinnen, der Arzt um mehr Praxis zu bekommen, der Weinhändler und Seifensieder um seine Artikel an die Loge liefern zu können, der Schauspieler und Musikant um Publikum für Theater und Concert und gute Freunde auf Reisen zu bekommen, der Handelsreisende um sich mit seinen Mustern überall an die Brüder zunächst zu wenden." Ein anderer ehemaliger Freimaurer sagt in seinem Buche: „Hephata" Leipz. 1836: „Also eine geheime Gesellschaft will, daß alles Einflußreiche durch ihre Creaturen gehandhabt werde und hat dabei natürlich den Plan, daß sie eine ausgedehnte Gewalt gewännen, da Jeder, dem es zu thun ist um Posten, Brod und Geschäfte, erst durch die Freimaurerhände gehen müßte."

Es ist schlimm genug, daß Teutschland durch die Confessionen gespalten und dadurch geschwächt ist; die Freimaurerei bringt noch eine weitere Spaltung zwischen deren Anhängern und denen, die nicht dazu gehören.

Fünfte und schwerste Anklage. Einen Freimaurer kann man freilich nicht vergleichen mit einem Löwen, der ein Pferd niederwirft, oder mit einem Elephanten, der einen Baum umreißt — Schleichen und still Benagen liegt den ächten Freimaurern näher; sie gleichen den Engerlingen, weichlichem Gewürm, welches unter dem Boden kriecht und Wurzeln abfrißt. Sie zernagen langsam und unmerklich die Wurzel des Christenthums, den Glauben. Und gerade dieses ist die feine Gleisnerei darin, daß den Mitgliedern, welche noch christlichen Glauben haben, nicht nur weiß gemacht wird, daß die Freimaurerei Jedem seinen Glauben lasse, sondern daß sie Gottesverehrung und Tugend noch befördere. Die Reden, welche bei ihnen gehalten werden, lauten ungefähr wie die Reden eines aufgeklärten Rabbiners; so wenig wird das Christenthum darin berührt. Wer daher längere Zeit die Loge besucht, an dem bröckelt immer mehr von dem bisherigen Glauben hinweg, so daß zuletzt nichts mehr übrig bleibt als die allgemeine Annahme, daß es einen Gott gebe. Was ist aber dieser Gott der vorgerücktern Freimaurer für ein Gott? Antwort: Der Gott, an welchen Leute glauben, die die Gottheit Christi läugnen, ist ein leeres Hirngespinnst, eine Puppe und Spielzeug der Einbildung. Ein solcher Gott hat keine Heiligkeit und keine Gerechtigkeit, er ist ein Götzenbild, das sich der behagliche Philister zurichtet nach seinem Wohlgefallen, in Form eines alten Papa's, der im Lehnstuhl sitzt und unaufhörlich Mittagsschläfchen macht.

Es sind aber zwei Gründe da, weßhalb der Freimaurer besonders geneigt ist, einen solchen Götzen der Einbildung mit dem wahren lebendigen Christengott zu vertauschen. Der eine Grund liegt im Kopf, und der andere Grund weiter unten. Welchen Standes sind heutigen Tages größtentheils die Freimaurer? Kaufleute, Fabrikanten, Wirthe, Schauspieler, wohlhabendere Männer verschiedenen Gewerbes, Angestellte, die keine vollständige Universitätsstudien gemacht haben. Wenn zuweilen auch Einzelne unter den Freimaurern eine höhere wissenschaftliche Bildung haben, so haben sich diese nicht angeschlossen aus wirklichem Respekt für die Maurerei, sondern weil sie diese Gesellschaft sich in irgend einer Weise zu Nutzen machen wollen. Der Kern und die Mehrzahl der Freimaurer sind Leute, welche ihr Geschäft ganz gut verstehen mögen, denen auch die gewöhnlichen Umgangsformen der gebildeten Welt ankleben, viele sprechen auch etwas französisch, manche sind auch einige Jahre in lateinischen Schulen gesessen; an gründlicher Ausbildung des Geistes durch eigentliche Wissenschaft fehlt es der überwiegenden Mehrzahl. Es ist aber eine allgemeine Erfahrung, welche schon der berühmte Baco von Verulam ausspricht, daß halbe und zerstückelte Kenntnisse ganz besonders zum Unglauben geneigt machen. Nun trifft man aber unter keiner Klasse von Menschen mehr Ungläubige an, als unter den halbgebildeten Stadtmännern, woraus gerade die Freimaurerei ihre meisten Rekruten nimmt. Da nun die Reden, welche dort gehalten werden, und die Zeitungen, welche die Mitglieder lesen, mehr oder weniger dem katholischen Glauben feindlich sind — so geht es diesen Freimaurerphilistern in Bezug auf ihren Glauben, wie einem Menschen, der ohnedieß aus Schwächlichkeit an Diarrhöe leidet, wenn er auch noch alle Tage etwas Bittersalz nimmt.

Außer dem Halbwissen, welches den Glauben zerfrißt und mit dem Wind des Hochmuthes dafür anfüllt — so ist noch ein tiefer liegender Grund vorhanden, weßhalb der Freimaurer mehr und mehr in Unglauben herabrutscht — dieser Grund liegt, um es kurz zu bezeichnen, im Bauch. Diese Ganz- und Halbherren haben zum großen Theil eine heimliche Plage, welche ihnen zuweilen ihr sonst angenehmes Leben beunruhigt — es sind dieß hauptsächlich die vier letzten Dinge und die Forderungen der katholischen Kirche von Fasten, Beicht u. dgl. Diese innerlichen Störungen oder Beunruhigung können nur beschwichtigt werden, wenn man Sinn und Wandel darnach einrichtet oder wenn man den Glauben daran aufgibt. Ersteres kommt denen, die am gebratenen Ochsen der Welt- und Sinneslust schmausen, zu lästig an — darum suchen sie den Frieden auf dem andern Weg, nämlich im gröbern oder feinern Unglauben.

Nun wollen zwar die Freimaurer mancher Gebiete, z. B. in Preußen oder Hannover, am Christenthum festhalten, und ich habe selbst schon Freimaurerbehäng gesehen, woran auch ein Kreuz ist. Allein dieses Christenthum ist nur ein weiter Sack, wie die Religion des Gustav-Adolph-Vereines, worin ein Theil aus Redensarten vom lautern Wort des Evangeliums und der andere Theil aus Haß gegen die katholische Kirche besteht. Im Allgemeinen ist der Baumeister der Welten, von welchem bei den Freimaurern geredet und gesungen wird, ein formloser Nebelfleck nicht am Himmelsgewölb, sondern am Gewölb ihres Gehirnes. Und wenn sie so gnädig sind von Christus noch etwas gelten zu lassen, so ist auch dieß ein falscher Christus, ein maskirter Freimaurer; der Christus, welcher eine Kirche gestiftet hat, welcher Haupt und Regent dieser Kirche ist, welcher Gehorsam gegen seine Kirche fordert, den kennen die Freimaurer nicht, ja insofern sie doch einen Christus zu haben vorgeben (manche heißen ihn den Menschgott), so ist dieser Freimaurer-Christus eigentlich geradezu ein Antichrist.

Darum haben auch mit vollem Recht einige Päpste die Excommunication über die Freimaurerei ausgesprochen.

Die Kirche.

Es gibt Freimaurergesellschaften, welche so abgewässert sind, daß ihre Häuser nicht viel mehr als Vergnügungsorte sind, wie etwa ein Museum, wo Bälle, Festessen und Concerte gehalten und daher auch das Damenvolk beigezogen wird. Da mag an Politik und Religion vielleicht wenig gerüttelt werden. Hingegen wo die Freimaurerei ihren Charakter durchgebildet hat und festhält, wie z. B. in Belgien, da ist sie nicht nur die ärgste Feindin der katholischen Kirche, sondern will ihren Anhängern selbst Kirche sein, sie hat eine Lehre, sie hat Reden, Katechismus, Gesänge, Altar, Ceremonien, Rangordnung, Gebote, Strafen, Aufnahme, Ausschluß, Zusammenhang mit Logen anderer Länder. Indem die Freimaurerei auf diese Art sich den Anschein gibt, als biete sie dasselbe, was die katholische Kirche dem religiösen Bedürfniß und der Bestimmung des Menschen bietet, wird sie der katholischen Kirche gegenüber ganz genau das, was ein Affe dem Menschen gegenüber ist, eine verzerrte Gestalt, ohne den göttlichen Funken der Vernunft und des freien Willens, ohne Bestimmung für ein menschenwürdiges und ewiges Leben. Es soll nun im Einzelnen nachgewiesen werden, daß jener Vergleich in allen Beziehungen richtig ist.

a. Die Glaubenslehre.

In den ersten Zeiten des Christenthums wurde Manches von der Lehre und dem Gottesdienste geheim gehalten, nicht vor den getauften Christen, wohl aber vor den Heiden und vor denen, die sich zur Aufnahme meldeten; vor den spottsüchtigen und blutgierigen Heiden, dem Spruch des Heilandes gemäß: „Werfet die Perle nicht vor die Säue und gebt das Heilige nicht den Hunden"; vor den Lehrlingen, damit sie allmählich gereinigt von den Verkehrtheiten des Heidenthums für Aufnahme der heiligsten Wahrheiten erzogen und empfänglich gemacht würden. Als tiefstes und letztes Geheimniß wurde die Gegenwart Christi im heiligsten Altarsfacrament bewahrt; dennoch wurde und wird solches dem armseligsten Bettler, sobald er durch die Taufe Mitglied der Kirche geworden, mitgetheilt.

Ganz anders die Freimaurer; sie haben vorgeblich Geheimnisse und verborgene Lehren im Ueberfluß. Aber sie verbergen dieselben nicht nur vor denen, die nicht Freimaurer sind, sondern auch vor den eigenen Brüdern. Gerade dadurch wollen sie die ordinären Mitglieder locken zu bleiben und zu zahlen, daß sie denselben in Aussicht stellen, wenn sie in der Maurerei höhere Grade erreichen, werden ihnen höchst kostbare wichtige Geheimnisse mitgetheilt werden. Was sind nun dieß für Geheimnisse? Es verhält sich damit ganz genau wie mit der Schatzgräberei. Es wird ein Schatz versprochen, aber die Betrogenen werden fortwährend hingehalten und unter verschiedenen Vorwänden ihnen Geld abgelockt, bis sich zuletzt kein Schatz, sondern nur ein Gefäß voll Kohlen und Scherben herausstellt. In gleicher Weise werden dem Freimaurer Geheimnisse versprochen, wenn er höhere Grade erreiche; er wird Lehrling, später Geselle, später

Meister und wenn er nicht müde wird, so kommt er zum vierten Grad und wird vollkommener Meister oder Schotte. Was findet er nun für Geheimnisse? Der Verfasser des Buches „Sarsena oder der vollkommene Baumeister", war 47 Jahre Freimaurer und hat alle Grade durchgemacht; aus seiner Schrift, die erst nach seinem Tod gedruckt wurde, ergibt sich, daß diese heiligen geheimen Wahrheiten in weiter nichts bestehen, als in lügenhaften Berichten über das große Alter der Freimaurerei, in abgeschmackten Fabeln von dem gemordeten Hiram und dem verlorenen Wort, und in hohlen Redensarten ohne Spur von geheimen Wahrheiten, gleichsam eine Kiste voll Glasscherben. Es sagt deßhalb ein anderer gleichfalls verjährter Freimaurer: „Das allergrößte und letzte Geheimniß der Freimaurer ist, daß sie keines haben." Diese Wichtigthuerei mit Nichtigkeiten ist auch der Grund, weßhalb eigentliche Gelehrte und begabtere Geister, wie z. B. Lessing, Voß, Krause, Herder wieder ausgetreten und der Freimaurerei mit Verachtung den Rücken gekehrt haben, und weßhalb heutigen Tages kein bedeutendes Talent und kein Mann von höherer wissenschaftlicher Bildung Freimaurer werden mag.

Zwar sprechen die Freimaurer viel von Aufklärung, Licht, Orient, flammendem Stern; sie geben einander den Titel: „Leuchtender Bruder, hellleuchtender Bruder." Worin besteht nun dieses Licht und diese hellleuchtende Aufklärung? In weiter nichts, als in dem Nämlichen, was in den badischen Bierzeitungen oder Wiener Judenblättern Licht und Aufklärung genannt wird, nämlich darin, daß man Vieles von dem, was das Christenthum, insbesondere die katholische Kirche lehrt, nicht mehr glaubt. Das Freimaurerthum will eine allgemeine Religion, die sich Jeder wie einen weiten Mantel nach Behagen zurechtlegt; einige unbestimmte Redensarten von Gott, die den Menschen nicht beunruhigen mit Gericht und ewiger Strafe, die ihn nicht demüthigen mit der Lehre von der Erbsünde und Nothwendigkeit der Gnade, die ihn nicht belästigen mit der Forderung des Gehorsams gegen die Kirche und des Empfanges der hl. Sakramente. — Dieß ist aber von jeher üblich gewesen, daß die, welche ihr Geistesauge verschließen vor den Wahrheiten der Offenbarung, ihrem Unglauben den Namen Licht und Aufklärung geben; und umgekehrt den Christen, der durch das Licht und die Gnade Christi erleuchtet wie mit einem Fernrohr in die Tiefe der Ewigkeit sieht, daß sie diesen abergläubisch, verfinstert, verdummt nennen. Sie merken nicht, daß gerade der Unglaube dumm und blind macht für alles Höhere und den Menschen in dieser Beziehung zum Thier degradirt, welches gar nichts glaubt, eben weil der Glaube nur durch die Vernunft möglich ist. In so weit in manchen Städten und Ländern die Freimaurer das Christenthum zum Theil noch gelten lassen, so geschieht dieses entweder um Männer, die noch Glauben haben und die man brauchen kann, nicht abzuschrecken, oder weil der ächte Geist des Freimaurerthums nicht allseitig zum Durchbruch gekommen ist.

Vergleichen wir nun die Lehre der katholischen Kirche dagegen. Der Heiland nennt sich das Licht der Welt; er hat die Kirche gegründet, ihr seine Lehre hinterlassen, ihr den hl. Geist versprochen, der sie in der Wahrheit erhalten werde. Darum nennt der Apostel Paulus die Kirche „eine Grundsäule und Grundfeste der Wahrheit." Daher kommt es, daß ein zehnjähriges Christenkind über Gott, über die Bestimmung des Menschen, über den Weg zu einer glückseligen Ewigkeit klar und bestimmt zu antworten weiß, während das, was die weisesten Heiden der Vorzeit und die vom Glauben Abgefallenen der Neuzeit über Gott und Seele behaupteten, großentheils Unsinn und Schwindelei ist. Gerade aber diese einfache und bestimmte Glaubenslehre der katholischen Kirche, wie sie schon ein Schulkind auffaßt, ist auch wieder von der Art, daß die geistvollsten, gelehrtesten Männer darin die tiefste Weisheit finden. Daher kommt es, daß fortwährend Protestanten, welche durch Gelehrsamkeit und Bildung sich auszeichnen, zur katholischen Kirche übertreten selbst unter Umständen, wo sie nur Unannehmlichkeiten und Nachtheile aller Art zu gewärtigen haben. Wenn ein katholischer Priester von seiner Kirche abfällt, so zeigt sich gewöhnlich schon in einigen Monaten, was ihn dazu verlockt hat. Wenn aber protestantische Pastoren katholisch werden, wie fortwährend in England und Nordteutschland geschieht, und dadurch ihre Pfründe verlieren und kaum wissen, wie sie ihre Familien noch ernähren wollen: so kann der Beweggrund nur die feste Ueberzeugung von der Wahrheit der katholischen Lehre sein. Und wenn protestantische Geschichtschreiber ersten Ranges nach Jahre langem Forschen zu der Anerkenntniß gedrängt sich fühlen, daß die katholische Kirche die wahre von Christus gestiftete und gehaltene

Kirche ist: so wissen diese Männer recht wohl, daß sie sich und ihren Schriften damit große Ungunst zuziehen sowohl bei denen, welche über Anstellung und Gehalte verfügen, als auch in der Papierwelt. Darum wiegt ihr Zeugniß schwer in der Wagschale bei Allen, welche ehrlich die Wahrheit suchen.

b. Die Sittenlehre.

Das höchste Gebot des Christenthums ist die Liebe. Nun aber will auch die Freimaurerei gerade dieses Grundgesetz des neuen Testaments nachäffen, indem sie die Forderung der Humanität (allgemeinen Menschenliebe), der Brüderlichkeit, des Menschenwohles als Zweck ihrer Verbindung vorgibt. Allein was leisten denn diese Brüder Freimaurer für das Wohl der Menschheit? Geben und thun sie mehr für die Nothleidenden, als andere Leute? Davon weiß man nicht viel. Nun könnte man zwar gutmüthig denken, die Wohlthätigkeit der Freimaurer gehöre eben auch zu ihren Geheimnissen, so daß nicht einmal die linke Hand, vielweniger die Welt etwas davon wisse. Allein ich habe in einer Freimaurerschrift selbst die heillose Behauptung gelesen: „Da und dort wird eine Unterstützung gereicht, die aber minder groß ist, als die Prahlerei darüber." Wenn aber die Freimaurer sich zuweilen um einen schabhaft gewordenen Bruder annehmen, so „thun dieß auch die Heiden"; ist aber noch keine christliche Liebe. Wie viel Gleisnerei in der Freimaurertugend sitzt, zeigt am besten das Blatt, welches in der hiesigen Loge angeklebt ist und auch vertheilt wurde, mit dem Titel: **Freimaurerische Gesetztafel.** Es heißt darin: „Sei treu den Gesetzen des Staates, in dem du bist." Das nämliche Blatt bricht aber selber das Gesetz des Staates, indem die gesetzliche Angabe der Druckerei weggelassen ist. Das Ganze besteht aus purer Wortspielerei, worin handgreiflich kein Ernst ist. Da heißt es z. B.: „Sprich mäßig mit den Großen, klug mit deines Gleichen, sanft mit den Kleinen, liebevoll mit den Armen. Ergötze dich an der Gerechtigkeit, erzürne dich gegen die Unbilligkeit, leide ohne zu klagen. Lies und benütze, such' und ahme nach, überlege und arbeite; thue alles zum Nutzen der Menschheit. Sei für deinen Sohn das Abbild der Gottheit; sorge, das er dich bis zum 10. Jahre fürchte, bis zum 20. liebe, bis zum Tod ehre. Bis zu 10 Jahren sei sein Herr, bis zu 20 Jahren sein Vater, bis zum Tod sein Freund!" — Kann man etwas Rührenderes und Weiseres lesen? — Die ganze Gesetztafel ist offenbar ein ausgehängter Schaafspelz.

Statt von Humanität wohlfeiles Geschwätz zu verführen und über Brüderlichkeit zu deklamiren, wie die Freimaurer, zeigt die Kirche durch die That, was für ein Geist in ihr herrscht. Gegen eine halbe Million Ordensleute in allen Theilen der Welt arbeiten mit größter Aufopferung am geistigen und leiblichen Wohl der Menschheit. Während die wahren Freimaurer in ihrer wunderlichen Religion das weibliche Geschlecht von der Loge ausschließen, gibt es in der katholischen Kirche mehr als hunderttausend barmherzige Schwestern, welche ihr Leben dem Krankendienst und der Pflege der Waisenkinder widmen. Vincenzvereine gibt es gegenwärtig 3000, worin in schönster Weise die Forderung des Evangeliums erfüllt wird: „Einer trage die Last des Andern", wo von Brüderlichkeit nicht geschwätzt wird, sondern wo sie wahrhaft ausgeübt wird; durch die Vincenzvereine wird die Kluft zwischen Reich und Arm ausgefüllt. Wer hat sich um die verwahrloste, mißhandelte Klasse der Gesellen angenommen? Gerade wieder die Kirche durch ihre Geistlichen, so daß gegenwärtig 300 Gesellenvereine bestehen, in welchen der Geistliche, wenn er von der Sonntagsarbeit müde ist, erst noch den Gesellen den Rest des Abends widmet, um sie zu belehren, zu erheitern und christlich zu leiten. Ferner, so weit die katholische Kirche reicht, so mag zu jeder Stunde der Nacht, bei dem entsetzlichsten Wetter, auf dem beschwerlichsten Weg ein katholischer Geistlicher zu einem Kranken gerufen werden, um ihm den Trost und die Hülfe der Religion zu bringen: er wird gehen, selbst wenn er zu fürchten hat mit einer Krankheit angesteckt zu werden. Oder wie mancher Geistliche sitzt zuweilen in der Osterzeit acht und noch mehr Stunden Beicht; wer heißt ihn und was treibt ihn diese große geistliche und leibliche Last auf sich zu nehmen? Die Kirche. Sie hat zahllose Spitäler für Kranke errichtet; ihr Geist ist es, der getrieben hat, daß man hunderte von Anstalten für verwahrloste Kinder gegründet hat; die Kirche hat die prachtvollen Dome gebaut, Schulen errichtet, die Heiden bekehrt; ihre Missionäre haben schon zu tausenden ihr Leben geopfert. Eben geht in Rom die Heiligsprechung vor von 26 Martyrern, welche wegen Ausbreitung des Christenthums in Japan gekreuzigt wurden; es waren selbst drei Knaben darunter, die mit Lobgesang Gottes in den Tod gingen. Wo hat in aller Welt je ein Freimaurer für seine Ueberzeugung oder für Menschenwohl sein Leben darangesetzt?

Nun wir wollen den Freimaurern nicht zumuthen, daß sie ihr aufgeklärtes und darum so kostbares Blut vergießen; untersuchen wir einmal, wie es mit leichteren Beweisen edler Gesinnung steht. Ein naheliegendes Beispiel soll zeigen, wer wahre Humanität dem Menschen einzuflößen weiß, die Kirche oder die Freimaurerei. Vor mehr als 50 Jahren ist ein geistlicher Professor zu Freiburg Namens Sautier (Sotié) in mehreren Schriften gegen die Freimaurer aufgetreten, und hat die Thorheit und Verberblichkeit des Ordens nachgewiesen. Dafür ist er dann wieder von Freimaurern grob angegriffen worden. Diese Freimaurer liegen insgesammt auf demselben Kirchhof wie der streng katholische Sautier; der Unterschied ist aber der, daß das Andenken jener Freimaurer vermodert ist wie ihr Gebein, hingegen Sautier das preiswürdigste Denkmal der christlichen Liebe hinterlassen hat. Mit der größten Selbstverläugnung, so daß der alte Herr keinen Wein trank und sich selbst die Strümpfe flickte, hat er zusammengespart, um ein Waisenhaus und eine Versorgungsanstalt für junge Leute zu gründen, welche bis auf den heutigen Tag in großer Blüthe steht.

Die Universität Freiburg hat ein Stipendienvermögen, welches eine halbe Million Gulden übersteigt. Die Stifter wollten Jünglinge, welche Beruf zeigen für die Wissenschaft, aber dürftig sind, in Stand setzen ihre Studien zu machen. Die Großzahl dieser Stifter waren katholische Geistliche oder sonst kirchlich gesinnte Männer. Hingegen weiß ich keinen einzigen Freimaurer, welcher für Förderung des Studiums der Wissenschaften hier etwas gestiftet hätte.

c. Predigt und Katechese.

Die katholische Kirche hat von ihrem Herrn den Auftrag, den Armen das Evangelium zu predigen. Den Dienern der Kirche wird deßhalb anempfohlen, daß sie möglichst deutlich die Grundwahrheiten der Religion verkündigen, so daß es auch Kinder und Menschen, die nicht einmal lesen können, verstehen, eben weil alle Menschen, insbesondere auch die des niederen Standes, berufen sind Gott zu lieben und selig zu werden. Und je klarer und bestimmter ein Prediger spricht, desto mehr predigt er der Forderung der Kirche gemäß.

In den Freimaurerlogen wird aber solch' hohles Geschwätz verführt, daß man wohl sagen kann, der Gelehrteste versteht es nicht, und für den Dümmsten ist es zu schlecht. Es sind Hobelspäne von gelehrten Nebensarten, sinnlos zusammengestoppelt, und doch werden sie mit lächerlicher Hoffart wie kostbare Leckerbissen aufgetragen, als wären es lauter Gänseleberpasteten. Aber gerade je sinn- und hirnloser, desto besser taugt es für die Freimaurer. Ich will aus dem Buch Sarsena eine Probe anführen:

„Wir mögen in gerader Beziehung oder nur unmittelbarerweise wirksam für den Orden sein, wir wirken doch immer für dasjenige, was er unmittelbar beabsichtigt; wir mögen auf noch so verschiedenen Bahnen uns dem Ziele zu nähern versuchen, auf nähern oder entfernten Standpunkten von demselben stehen bleiben, wir werden doch auch im letztern Falle unsern Antheil zum Ganzen beigetragen haben, und im ersten Falle vielleicht mit Verwunderung sehen, wie alle sich durchkreuzende, oft nach den verschiedensten Richtungen laufenden Pfade auf einem Punkte zusammenstoßen, welches der wahrhaft erste Punkt in dem großen Raume der Maurerei ist. Dieß, meine sämmtlichen Brüder, gereiche Ihnen zur erquickenden Aussicht." — Ja freilich! Ist das nicht erquicklich?

Kürzlich gab ein sächsischer Privatdocent ein Schriftlein heraus um die Freimaurer zu vertheidigen gegen den Herrn Bischof von Mainz. Darin heißt es wörtlich also: „Ein normaler Wille, der Wille des Seinsollenden, des Guten, sollte in jenem Reiche die ungeschmälerte Herrschaft haben, und die Elemente desselben dadurch unter einander zur Einheit verknüpfen. Hierbei an eine Herrschaft zu denken, der gegenüber nur unwillig Unterdrückte die Beherrschten sind, und an eine Einigung, die nur durch Zwang und Gewalt aufrecht erhalten wird gegen ihrer Natur nach auseinander- und gegeneinanderstrebende Elemente: dieß verbietet uns die Idealität jenes Bildes, in welchem ja überall ein Zustand angeschaut werden soll, der in der Meinung dessen, der das Bild in sich trägt, von keinem bessern überboten werden könnte." So geht dieses Hohlgeschwätz fort; und der Freimaurer meint hinter der Cactushecke solcher abstrusen Worte stecken unergründlich tiefe Gedanken und erstaunt, während gerade die Gedankenarmuth ihre Blöße durch solchen

Pappendeckel-Styl zu verhüllen sucht. Hier gilt eben auch der Spruch des guten Claudius: „Unser Zeitalter sehr aufgeklärt ist. Der Esel Stroh und Disteln frißt."

Ich will auch ein Stück aus einem tiefsinnigen Katechismus der Freimaurer anführen:

„Frage. In welcher Gegend ist eure Loge? Antwort. Im Orient des Thales Josaphat. — Fr. Was hat sie für eine Gestalt? A. Ein längliches Viereck. — Fr. Wie lang ist sie? A. Sie reicht von Osten bis Westen. — Fr. Wie breit ist sie? A. Ihre Breite reicht von Süden bis nach Norden. — Fr. Wie hoch ist sie? A. Unzählige Ellen hoch. — Fr. Wie tief ist sie? A. Ihre Tiefe reicht von der Oberfläche der Erde bis zu deren Mittelpunkt. — Fr. Womit ist sie bedeckt? A. Mit einem Himmel mit Sternen besäet. — Fr. Wodurch wird dieses weitläufige Gebäude unterstützt? A. Durch zwei große Säulen. — Fr. Wie nennt ihr dieselben? A. Weisheit und Stärke. — Fr. Erklärt mir dieses? A. Weisheit zum Erfinden, und Stärke um zu erhalten. — Fr. Habt ihr Zierrathen in eurer Loge? A. Ja, sehr Ehrwürdiger! drei: das mosaische Pflaster, die ausgezackte Schnur und den flammenden Stern. — Fr. Was stellen sie vor? A. Das mosaische Pflaster bedeutet den Boden des großen Bogenganges im Tempel, die gezackte Schnur die äußerlichen Zierrathen, und der flammende Stern den Mittelpunkt, aus dem das wahre Licht entspringt u. s. w."

Ein älteres Freimaurerbuch vom Jahr 1766 hat unter andern Abgeschmacktheiten folgende Katechese:

„Fr. Wie alt seid ihr? A. Sieben Jahre. — Fr.

Wozu ist der Tag und die Nacht? A. Um darin zu sehen und zu hören. — Fr. Was ist die Glocke? A. Hoch Zwölfe oder hoch Mitternacht. — Fr. Wie gebt ihr euch als Freimaurer zu erkennen? A. Indem ich mich erwürge, anrühre und stammle. — Fr. Wo seid ihr aufgenommen worden? A. In einem silberfarbenen Licht. — Fr. Wo kommt ihr her? A. Aus der ägyptischen Finsterniß. — Fr. Wo kommt der Wind her? A. Von Mittag. — Fr. Worauf ist das ganze Gebäude gegründet? A. Auf Freiheit und Gleichheit. — Fr. Wie lang habt ihr gearbeitet? A. Bis die Rechenkunst vollkommen war. — Fr. Wie wollt ihr ein Gebäude aufführen? A. Durch des Baumeisters, durch meine und der Natur Stärke. — Fr. Was für eine Gestalt wird es haben? A. Es wird unsichtbar sein. — Fr. Woher kommt das Gute? A. Von den Flügeln. — Fr. Woher das Nützliche? A. Von der Gleichheit. — Fr. Woher die Gerechtigkeit? A. Von dem Wind, der auf dem Stern blast!" Ist das nicht hellleuchtend?

d. Der Gottesdienst.

Der Mensch ist für Gott erschaffen; seine höchste Aufgabe auf Erden ist, daß er Gott immer mehr erkenne und liebe. Diese Liebe soll aber nicht nur in Befolgung der Sittengebote bestehen, sondern sich auch durch Gottesdienst im engern Sinn ausprägen. „Geheiliget werde dein Name." Hier wenden sich die Christen in Gemeinsamkeit und in erhöhterem Grade Gott zu; deßhalb nimmt auch das Gemüth und selbst der Leib Theil daran, wenn Gott Anbetung, Lob, Dank und Bitte zugewandt wird. Zu diesem Zweck hat die christliche Kirche mannigfache Ceremonien, durch welche die innerliche Religion sich auch äußerlich offenbart, wechselseitig weckt und erwärmt. In Nachahmung der Kirche hat auch die Freimaurerei vielfältige Ceremonien; aber auch von diesen muß wieder gesagt werden, daß sie sich zu den Ceremonien der Kirche verhalten, wie ein Affe zu einem Menschen. Vergleichen wir z. B. die Ceremonien, welche die Kirche bei Aufnahme eines Mitgliedes anwendet, mit den Ceremonien, welche bei Aufnahme in die Freimaurerei angewandt werden.

Die Aufnahme in die Kirche geschieht durch die Taufe. Dieselbe soll stets öffentlich in dem Haus Gottes vorgenommen werden. Der Täufling wird beim Eingang der Kirche vom Priester gefragt: „Was begehrst du von der Kirche?" Der Täufling (oder in seinem Namen der Taufpathe) antwortet: „Den Glauben." — Der Priester: „Was verleiht dir der Glaube?" — Der Täufling: „Das ewige Leben." — Der Priester: „Wenn du zum ewigen Leben eingehen willst, so halte die Gebote; liebe den Herrn deinen Gott aus ganzem Herzen, von ganzer Seele, von ganzem Gemüthe und aus allen deinen Kräften, und deinen Nächsten wie dich selbst." Hierauf haucht der Priester den Täufling an mit den Worten: „Geh' aus von ihm, du unreiner Geist und weiche dem hl. Geist, dem Tröster." Dann bezeichnet er Stirn und Brust des Täuflings mit dem Kreuz und spricht: „Empfange das Zeichen des Kreuzes, werde ein treuer Beobachter der himmlischen Gebote und nimm solche Sitten an, daß du fortan ein Tempel Gottes sein mögest." Dann verrichtet der Priester ein Gebet über den Täufling, während er die Hand auf dessen Haupt legt, und gibt ihm etwas geweihtes Salz in den Mund mit den Worten: „Empfange das Salz der Weisheit; sie fördere dich zum ewigen Leben." Nachdem noch einmal dem Fürsten dieser Welt, dem Teufel, im Namen des dreieinigen Gottes befohlen worden, den Täufling zu verlassen, der sich nun Gott als Herrn auserwählt habe, legt der Priester dem Täufling die Stole auf, das Zeichen der kirchlichen Amtsgewalt, und sagt: „Trete nun ein in den Tempel Gottes, damit du Theil habest an Christus zum ewigen Leben." Hierauf wird an den Stufen des Altars das apostolische Glaubensbekenntniß und das Vaterunser gebetet, als Zeichen, daß der Täufling von nun an am Bekenntniß und dem Gebet der Gläubigen Theil nehmen dürfe.

Nun spricht der Priester zu dem Täufling: „Widersagst du dem Satan und allen seinen Werken und all' seiner Hoffart?" Nachdem die Widersagung geschehen, salbt der Priester mit entsprechenden Worten den Täufling auf der Brust und zwischen den Schultern, als Sinnbild, daß er im Leben ringen und kämpfen müsse und dazu von der Kirche gestärkt werde. Da nun die eigentliche Taufe erfolgt, so fragt der Priester vor derselben noch einmal: „Glaubst du an Gott Vater, Sohn und hl. Geist? Willst du getauft sein?" Nach der bejahenden Antwort empfängt der Täufling das Sacrament, welches ihn zum Kind des himmlischen Vaters, zum Erlösten Jesu Christi und zum Tempel des hl. Geistes macht. Zum Zeichen, daß der Getaufte nun als Glied des Gottmenschen königlichen und priesterlichen Ge=

schlechtes sei, wird an ihm die Handlung vorgenommen, wodurch im Alterthum Priester und Könige zu ihrem hohen Amte eingeweiht wurden, er wird mit dem Chrysam auf dem Scheitel des Hauptes gesalbt. Die Sündenreinheit, welche die Taufe übernatürlich verleiht, wird dann durch Darreichung eines weißen Kleides angedeutet, wobei der Priester die Worte spricht: „Empfange dieß weiße Kleid, bringe es unbefleckt vor den Richter unsers Herrn Jesu Christi, damit du das ewige Leben habest." Endlich wird noch in Erinnerung an die Forderung Christi: „Lasset euer Licht leuchten, und habet brennende Kerzen in der Hand", eine solche dem Täufling gereicht mit den Worten: „Empfange das brennende Licht und bewahre unverletzt die hl. Taufe! Halte Gottes Gebote, auf daß, wenn der Herr zum Hochzeitmahle kommt, du ihm entgegen gehen kannst mit allen Heiligen in der himmlischen Wohnung und das ewige Leben habest." Endlich wird der Getaufte entlassen mit dem Gruß: „Gehe hin im Frieden und der Herr sei mit dir."

Ich scheue mich beinahe unmittelbar die Ceremonien, welche die Freimaurer bei Aufnahme eines neuen Mitgliedes anwenden, neben die Taufceremonien der Kirche zu setzen: denn so heilig und würdig diese sind, so nichtswürdig und abgeschmackt und läppisch sind jene. Da es verschiedene Secten bei der Freimaurerei und verschiedene Grade gibt, so sind auch die Aufnahmsceremonien da und dort verschieden. Ich will nun einige Bruchstücke aus dem Buch Sarsena, wo sie alle umständlich beschrieben sind, aufführen.

Der Meister vom Stuhl schlägt den Hammer auf

den Altar, der Aufseher sagt: „Hochwürdiger, es ist ein freier Mann da, der wünscht in den Orden aufgenommen zu werden." Nachdem über Namen, Alter, Stand, Bürgschaft gefragt ist, wird dem Aufzunehmenden von dem Aufseher der Degen auf die Brust gesetzt und er an den Altar geführt, wo der Meister hart den Hammer aufschlägt und die Brüder mit ihren Schurzfellen rauschen. Nachdem auf Befragen der Candidat noch einmal erklärt hat, er wolle aufgenommen werden, muß er mit entblößtem Knie auf die Fußbank knieen, und es wird ihm dann ein Zirkel auf das Herz gesetzt, und er muß den Verschweigungseid ablegen; die Brüder richten ihre Degen auf ihn und sprechen mit dumpfer Stimme: „Gott strafe den Verräther." Er wird dann mit dem Schurzfell bekleidet, und ihm zwei Paar weiße Handschuhe übergeben, das eine für ihn, das andere für die Auserwählte seines Herzens. Dann wird ihm das Erkennungszeichen mitgetheilt. Das erste ist das sogenannte Halszeichen; es deutet auf den Eid, worin es heißt: „die Gurgel abschneiden." Das Zeichen besteht darin, daß man die Hand an den Hals legt, den Daumen unter dem rechten Ohr, dann sie herunterzieht bis zur rechten Schulter und dann bis zur Hüfte. Das Erkennungswort heißt Jakin. Wenn ein Maurer zu einem Andern kommt und erkennen will, ob dieser auch ein Maurer sei, so spricht er: Geben Sie mir das Wort; dann sagt der Andere: Geben Sie mir den ersten Buchstaben, so gebe ich den zweiten. Dann sagt der erste „J", der zweite „A" u. s. w.

Bei der Aufnahme in den Meistergrad wird der Geselbe rückwärts eingeführt und ihm unter Anderm eine Fabel vorgelesen von Salomo und Hiram und dem Tempelbau, dann schlagt der Meister dem Candidaten mit dem Hammer dreimal sachte vor die Stirne, beim dritten Mal wird er von hinten gepackt und in einen Sarg geworfen, ein Tuch über ihn gebreitet, der flammende Stern stark erleuchtet und ein Choral gesungen. Hernach faßt ihn Einer an der Hand und sagt: „die Haut verlaßt das Fleisch"; dann faßt ihn ein Anderer an der andern Hand und sagt: „das Fleisch verlaßt die Knochen." Dann richtet ihn der Meister vom Stuhl vollends auf und sagt ihm in's rechte Ohr: mac, und in's linke Ohr: benac. Das Meisterzeichen ist: Man schließt die vier Finger der rechten Hand zusammen und stellt den Daumen auf den Unterleib so, daß ein Winkel formirt wird; die linke Hand hält man verkehrt vor die Augen mit abwärts gekehrtem Daumen.

In einer ältern Freimaurerschrift wird die Aufnahme des Lehrlings folgendermaßen beschrieben:

Er wird in eine ganz finstere Kammer geführt und man läßt ihn eine Stunde lang drin stehen: dann kommt ein Abgesandter, welcher den Candidaten umständlich über seine Person und Vorhaben abfragt. Hierauf bekommt er den Befehl alles Metall, Geld, Schnallen, Nadeln, Uhr abzulegen; er muß ferner die Schuhe und Strümpfe und endlich alle Kleider, ausgenommen Hemd und Hosen, abziehen. Nun werden ihm die Augen verbunden, ein Strick um den Hals gemacht und die gefalteten Hände mit Bindfaden zusammengebunden. Hernach faßt ihn ein Freimaurer am Strick und führt ihn in ein Zimmer mit einer Badwanne; dort fassen ihn zwei Andere und heben ihn mit Gewalt in die Höhe und tauchen ihn mit großer Ernsthaftigkeit in's Wasser. Dann bekommt er ein anderes Hemd und ein paar neue Hosen auf Kosten der Gesellschaft.

Nun wird er am Strick weiter geführt und kommt zu zwei Maurern, die mit großem Lärm ihre Degen an einander schlagen. Der Führer sagt zu dem Lehrling, dieß seien zwei Personen, wovon die eine für seine Aufnahme, die andere dagegen sei, und darum schlügen sie sich; der sich widersetze, sei ein Unheiliger d. h. kein Freimaurer, der Andere sei ein Bruder; er solle nun wählen, welche Partei er annehme. Darauf werden ihm die Hände aufgebunden, ein Degen gegeben, und er geheißen vom Leder zu ziehen. Dann muß er die Spitze des Degens gerade und hoch und unbeweglich halten. Der Unheilige schlägt dreimal mit seinem Degen daran. Und nun ruft der Führer: „Bruder Lehrling, du hast überwunden, der Unheilige ist todt, du bist würdig in den Orden zu treten." Nun kommen noch eine Menge Formularien von Frag und Antwort und andere läppische Umgänge, Stellungen, Degen wetzen, welche ich nicht umständlich anführen mag, da sie erschrecklich langweilig sind.

Nach der Aufnahme wird die Tafelloge eröffnet, d. h. gegessen und getrunken und zwar heißen die Gläser — Kanonen, die Bouteillen — Pulverfässer, der Wein — starkes Pulver, das Wasser — schwaches Pulver, das Brod — Stein, die Lichter — Sterne, die Teller — Ziegel, die Messer — Schwerter, das Salz — Sand, Trinken — Feuern.

Dann kommandirt der Meister vom Stuhl: „Hand

an unsere Waffen — Feuer — stark Feuer — vollkommenstes Feuer!" Wenn getrunken ist in neun Absätzen, wird in die Hände geklatscht und Vivat gerufen.

Wie nämlich die katholische Kirche in ihrem Gottesdienste sich der lateinischen Sprache bedient, so äfft die Freimaurerei auch insofern die Kirche nach, als sie gleichfalls eine besondere Sprache führt. Die Kirche wählt aber die alte ehrwürdige Sprache der Römer nicht um dem Volk zu verbergen, was gesprochen wird; sie schreibt sogar ausdrücklich den Geistlichen vor, daß sie Alles erklären, und gibt den Laien Uebersetzungen in die Hand. Sie will nur ihre Einheit auch darin festhalten, daß für alle Zeiten und Orte in der nämlichen Sprache der Gottesdienst gehalten wird, wie auch die Juden in hebräischer Sprache, die Türken in arabischer, die Indier im Sanskrit ihren Gottesdienst halten, obgleich sie eine andere Umgangssprache haben. Die Freimaurer brauchen aber besondere Ausdrücke, um vor Andern zu verbergen, was sie zu einander sagen, gerade wie die Spitzbuben eine Gaunersprache, das Rothwälsch, haben.

Als fernern Beleg, wie sich Katholisches und Freimaurerisches neben einander ausnimmt, wollen wir auch eine Probe aus beiderlei Gesängen bringen. Vorläufig will ich bemerken, die eigentlichen offiziellen Kirchenlieder sind ursprünglich lateinisch und mögen übersetzt werden. Viele Lieder, welche bloß teutsch sind, kommen eigentlich nicht aus der katholischen Kirche, sondern sind zum Theil der josephinischen Aufklärungszeit entsprungen und nicht selten armselige Reimereien.

Dießmal wollen wir den Freimaurern die Ehre

laßen, ihr Lied soll den Vortritt haben. Ich nehme es aus einem „Liederbuch der Freimaurer-Loge zur Einigkeit in Frankfurt am Main." Nro. 7.

    Freunde, schmecket mit Entzücken
    Freuden, die nur uns beglücken!
    Hier, wo uns kein Zwang gebeut,
    Blüht das Glück der gold'nen Zeit.

    Laßt die Thoren immer schmählen!
    Unsre Werke zu verhehlen
    Heischen Klugheit, Zeit und Pflicht,
    Eigensinn und Dünkel nicht.

    Wollt ihr, wißbegier'ge Schönen,
    Unsre edlen Werke höhnen?
    Wißt, daß uns der beste Kuß
    Nur verschwiegner machen muß.

    Tiefgelehrte Weise! lernet
    Hier, von eitlem Stolz entfernet,
    Daß hier ohne Künstelei
    Aechter Weisheit Schule sei.

    Götter! Könige der Erden!
    Eures Schutzes werth zu werden,
    Weiht euch Ehrfurcht, Liebe, Treu
    Stets die wahre Maurerei.

    Laß uns auf dein sanft Gefieder,
    Holder Gott der Freuden, nieder!
    Führ' uns bei der stillen Ruh'
    Lauter reine Wollust zu u. s. w.

Verglichen mit diesem Freimaurergesing lautet ein ächtes Kirchenlied wie Orgelton gegen das Geklimper einer verlotterten Guitarre. Nehmen wir das uralte hl. Geistlied von Pfingsten.

Veni sancte spiritus, et emitte coelitus lucis tuae radium.
Veni pater pauperum, veni dator munerum, veni lumen cordium.
Consolator optime, dulcis hospes animae, dulce refrigerium.
In labore requies, in aestu temperies, in fletu solatium.
O lux beatissima, reple cordis intima tuorum fidelium.
Sine tuo numine, nihil est in homine, nihil est innoxium.
Lava quod est sordidum, riga quod est aridum, sana quod est saucium.
Flecte quod est rigidum, fove quod est frigidum, rege quod est devium.
Da tuis fidelibus, in te confidentibus, sacrum septenarium.
Da virtutis meritum, da salutis exitum, da perenne gaudium.
Amen. Alleluja.

In der teutschen Sprache heißt dieß ungefähr:
Komm heiliger Geist und sende vom Himmel deines Lichtes Strahl.
Komm Vater der Armen, komm Geber der Gaben, komm Licht der Herzen.
Bester Tröster, süßer Gast der Seele, süße Erquickung.
In der Arbeit Ruhe, Kühlung in der Gluth, in den Thränen Tröstung.
O seligstes Licht, fülle das Innere des Herzens deiner Treuen.
Ohne deine Gottheit ist nichts im Menschen, ist nichts unschuldig.
Wasche was unrein ist, tränke was verdorrt ist, heile was wund ist.
Beuge was spröd ist, wärme was kalt ist, lenke was abwegs ist.
Gib deinen Treuen, die auf dich vertrauen, die heilige Siebengabe.
Gib der Tugend Verdienst, gib des Heiles Ausgang, gib unvergängliche Freude.

Abgesehen von dem Werth dieser beiden neben einander gestellten Lieder, ist auch darin der Gegensatz ausgesprochen, daß die Freimaurerei ihre Weisheit selber bräut, und daß die katholische Kirche das Heil von

Oben erfleht. Es könnte mir nun freilich ein Freimaurer entgegnen, daß sie auch andere äußerst tugendhafte Lieder haben. Dieß ist wahr, es gibt solche worin die maurerische Gesetztafel und allerlei tugendliche Redensarten der Stunden der Andacht in gereimte Verse gebracht sind. Allein dieser Tugendfirniß ist sehr wohlfeil auf dem Papier; wollten die Maurer auch im Leben damit Ernst machen, so würden sie bald finden, daß ohne Gottes Gnade und die Heilmittel der Kirche Niemand auf eigene Faust zur wahren Tugend kommt und in den Himmel fahrt. Solche Tugendlieder und Tugendgeschwätz ohne bestimmte Religion wirken wie Mohntrank um das Gewissen über den Abfall vom Christenthum einzuschläfern. Mephistopheles im Faust kennt dieß beliebte Mittelchen auch, wenn er sagt:

„Ich sing ihr ein moralisch Lied,
Um sie gewisser zu bethören."

e. Die Zucht.

Die Kirche muß auch Mittel haben, um ihre Aufgabe, die Menschheit für Gott zu erziehen, durchzuführen. Zu diesen Mitteln gehören auch die sogenannten Kirchengebote und die kirchlichen Strafen. Der Heiland hat seiner Kirche die Berechtigung hiezu mit den Worten gegeben: „Was ihr auf Erden binden werdet, das ist im Himmel gebunden; und wer euch verachtet, der verachtet mich." Zu diesen Kirchengeboten gehört z. B., daß jeder Katholik verpflichtet wird an Sonntagen dem Gottesdienst andächtig beizuwohnen und jährlich zur österlichen Zeit zu beichten und zu communiciren. Zu den kirch=

lichen Strafen gehört die Excommunication und die Verweigerung des kirchlichen Begräbnisses; solches wird verhängt, wenn ein Katholik offen und hartnäckig der Kirche Verachtung zeigt. Es wird ihm nichts zu leid gethan, sondern nur die geistlichen Wohlthaten der Kirche verweigert, so lange er sich widerspänstig zeigt. Außerdem wendet die Kirche noch besondere Strafen an, um ihre Beamten, nämlich die Geistlichen, so weit es möglich ist, vor Ausartung zu bewahren und Ausgeartete zu bessern oder unschädlich zu machen.

Die Gesetze der Freimaurer schließen nichts in sich, was den Menschen seiner Bestimmung näher bringt, sondern sie sind zum Theil weiter nichts als Spielereien, wie die Knaben auch bei ihren Spielen Gesetze machen; theils sind sie berechnet den Geldbeutel der Mitglieder unter verschiedenem Vorwand zu melken; ganz besonders aber um die große Tugend des Stillschweigens über Alles, was im Orden vorgeht, zu wahren. Zu diesem Zweck ist folgender ruchlose Eid bei der Aufnahme eines Freimaurers vorgeschrieben: „Großer Erbauer der Welt, ich schwöre dir und gelobe der vortrefflichen Gesellschaft der Freimaurer, die Geheimnisse, Zeichen, Griffe, Worte, Lehren und Gebräuche derselben niemals einem Unheiligen zu entdecken. Ich verbinde mich dazu bei Strafe, wenn ich den Eid breche, daß man mir die Lippen mit einem glühenden Eisen abbrenne, die Hand abhaue, die Zunge ausreiße, und meinen Leib zur ewigen Schande der Untreue und zum Schrecken der Brüder aufhenke, hernach ihn verbrenne und die Asche in die Luft streue."
— In manchen Logen haben sie dann noch Schwerter,

Spieße, Todtengebeine, ein Geripp, um die Sache schauerlich zu machen.

Daß in diesem Eid gar kein Ernst, sondern nichts als Wind, und darum ein freches Komödianten-Spiel mit dem Heiligen ist, versteht sich von selbst. Denn diese Schurzmänner henken Niemanden und verbrennen Niemanden; in neuerer Zeit sollen sie auch insofern sich minder grausam und blutdürstig gebahren, als sie jetzt den Eid nicht mehr schwören lassen, sondern nur die Erklärung abgeben, daß man bereit sei, diesen Eid zu schwören.

f. Das Kirchenregiment.

Selbst die Feinde der katholischen Kirche bewundern die großartige feste Gliederung, womit sie die ganze Welt umspannt, und schreiben derselben es zu, daß die katholische Kirche bis auf den heutigen Tag stets ausgedauert hat. Es ist ein Oberhaupt da, der Papst in Rom; unter diesem stehen die Bischöfe aller katholischen Gebiete auf Erden, ja es kann nicht einmal ein Bischof in dem fernsten Welttheil geweiht werden, ohne daß er vorerst persönlich vom Papst genehmigt ist; jeder Bischof hat wieder alle Priester seines Bisthums unter sich, er weiht sie, sie geloben ihm Gehorsam in allen geistlichen Dingen, er weist ihnen ihren Wirkungskreis an, und kann auch nach Befund dem Einzelnen die priesterliche Function verbieten. Papst, Bischöfe, Priester und die Pfarrgemeinden der ganzen Erde sind dann selber wieder zusammengehalten durch den Glauben, durch den Gottesdienst und die allgemeinen Kirchengesetze, welche wie ein unzerreißbares Band Alle gemeinsam umschlingt, und dem Alle sich unterziehen, welche noch katholisch sein wollen. Um diese Einheit und Allgemeinheit der Kirche zu wahren, haben das Oberhaupt der Kirche und die Bischöfe sich stets dagegen gewehrt, daß die Regierungen der einzelnen Länder sich in rein kirchliche Angelegenheiten mischen und darin befehlen und anordnen. Und es gibt zahllose Beispiele, wo Päpste, Bischöfe und Priester lieber die schwersten Verfolgungen, selbst den Tod erlitten haben, als daß sie sich den Anmaßungen weltlicher Behörden in Religionsangelegenheiten unterworfen hätten.

Die Freimaurer sind in den meisten europäischen Ländern, besonders in England, Schweden, Frankreich, Teutschland und Schweiz verbreitet. In jedem Ort, wo sie eine Verbindung oder Loge haben, haben sie auch einen Vorstand, einen Logenmeister. Die einzelnen Logen des Landes stehen wieder mit einander in Verbindung und haben einen Großmeister. Sie schreiben einander Briefe und gratuliren einander; mit Andacht werden solche eingelaufenen Sendschreiben in den Versammlungen vorgelesen und angehört. Das heißt man dann „arbeiten"; ich vermuthe, daß dazu, nämlich um die Briefe zu öffnen und zu lesen, auch die Schürzlein umgebunden werden. Sonst gibt es noch verschiedene Grade darin: Lehrlinge, Gesellen und Meister; sie geben manchen Aemtern kirchliche Titel z. B. Hochwürdiger. Dessenungeachtet haben die Freimaurerverbindungen keinen gemeinsamen festen selbstständigen Charakter; nach Zeit und nach Landesgebiet wechseln sie ihre Bestrebungen.

Einmal sind sie revolutionär und suchen die rechtmäßige Regierung des Landes zu untergraben; so ist z. B. die teufelmäßigste aller Revolutionen, die erste französische, ganz besonders von den Freimaurern gefördert und mitgetrieben worden. Zu andern Zeiten und in andern Ländern ducken sie sich höchst gehorsam unter das herrschende Landesregiment; so wird z. B. in Preußen das Freimaurerthum ganz besonders gebraucht, um die preußische Herrschaft über Teutschland anzubahnen, deßhalb werden fast alle Freimaurer eifrige Nationalvereinler sein; und daraus mag sich auch erklären, warum in Preußen stets die Freimaurerei von oben herab gehegt wurde. Die Zwietracht in den Bestrebungen hat auch schon dahin geführt, daß die schwedische Maurerei die belgische excommunicirt hat, weil letztere aufrührerisches Gelüste zeigt.

Ich habe bisher als Katholik gesprochen; ich will nun auch einen Protestanten sprechen lassen. Heinrich Voß, welcher mehrere Grade der Freimaurerei durchgemacht hatte, äußert in einem Briefe darüber an einen maurerischen Pathen: „Der Orden erlaubt sich Unredlichkeiten; die Obern verheimlichen sich und ihre Lehre; sie verlangen schamlos von den Beförderten, daß sie lügen. Der Orden verführt manchen schlecht und recht lebenden fleißigen Bürger, den die windige Prahlerei von Glückseligkeit oder der eitle Stolz, unter seines Gleichen etwas Besonderes vorzustellen, angelockt hat, zu Müßiggang, albernen Ceremonien, zur stupidesten Schwärmerei, und läßt sich diesen edlen Unterricht so theuer bezahlen, daß oft Frau und Kinder darben müssen. Dieser Orden nennt sich frei, und nimmt die entsetzlichste Unterjochung des Geistes zum Grundgesetz an. Du sollst Obern, die an der Spitze stehen, und die dir unbekannt sind, mit scheußlichen Schwüren blinden Gehorsam geloben, du sollst ihnen blindlings nachtappen in Finsternisse. Wie kann ein Orden auf Wahrheit und Tugend ausgehen, der sich öffentliche Unredlichkeiten erlaubt?"

Man hat sich vielleicht darüber aufgehalten, daß ich die Freimaurerei auch gar zu verächtlich behandelt habe, indem ich sie als Affe der katholischen Kirche bezeichnete; allein es laßt sich nachweisen, daß eine Abtheilung der Freimaurer so zu sagen offiziell sich einen Namen beigelegt hat, welcher ungefähr ebenso schmeichelhaft ist, wie der Name eines Affen. Da nämlich der Papst im vorigen Jahrhundert gegen die Freimaurer als eine verderbliche Gesellschaft die Excommunication aussprach, errichtete ein Theil derselben eine neue Gesellschaft, welche die nämlichen Bestrebungen beibehielt, aber den frühern Namen gegen einen andern vertauschte, damit die Katholiken, welche nicht excommunicirt sein wollten, keine Scheu trügen wieder einzutreten. Sie nannten sich selbst die Gesellschaft der Möpse; und der oberste Logenmeister hieß: Großmops. Sie legten sich diesen Namen bei, weil der Mops ein Sinnbild wechselseitiger Treue und brüderlicher Liebe sei. (Siehe Lawrie Geschichte der Freimaurerei.)

Ich bin keineswegs gesonnen, dießmal zu widersprechen, als sei diese Benennung nicht treffend gewählt;

ja ich hätte nichts dagegen einzuwenden, wenn sich die gesammte Freimaurerei mit dem Titel Mopsenthum zieren wollte. Denn es ist nicht nur die Treue, sondern auch noch andere Beziehungen, worin sich eine feine Aehnlichkeit zwischen genannten zwei Wesen herausstellt. So z. B. mag manches bemooste Freimaurerhaupt leicht dazu gelangen, daß es am Ende nicht viel mehr glaubt und Religion hat, als ein Mops; sodann hat der Freimaurer auch insofern eine Aehnlichkeit mit einem Mops, als er einem Fremden gegenüber mit stummen Zeichen probirt, ob derselbe auch Freimaurer sei oder nicht — bekanntlich sucht auch der Mops, wenn er mit einem noch nicht familiären Hund zusammentrifft, demselben auf stumme Weise den Geruch abzugewinnen.

Zusammenstellung.

1. Stiftung

a. **Der katholischen Kirche**: Durch Christus und die Apostel. Der Herr hat gesagt: „Du bist Petrus und auf diesen Felsen will ich meine Kirche bauen, und die Pforten der Hölle werden sie nicht überwältigen." Es sind ungefähr 1830 Jahre, daß dieser Ausspruch geschehen, und bis heute ist er wahr geblieben; die katholische Kirche hat noch jeden Sturm ausgedauert, und es wird auch in Zukunft nie der Greis fehlen, durch dessen schwache Hand der Allherrscher das Steuerruder führt.

b. **Der Freimaurerei**: Vorgeblich Adam, oder Noe, oder Hiram, oder Salomon, oder Absolon, oder Johannes der Täufer, oder die Tempelherren, oder die alten Bauhütten u. s. w. Dieß ist aber Alles erlogen, um der Maurerei ein Ansehen zu verschaffen. Sie ist in Wahrheit erst 150 Jahre alt, und in dem nebeligen England entstanden; und wie steht es jetzt mit ihr? Ein ehemaliger Logenbeamter sagt in seiner Schrift: Gegenwart und Zukunft der Freimaurerei. Leipzig 1854. „Ich kann tausend und mehr Zeugen aufrufen, welche aus Ueberdruß die Freimaurerei verließen, weil dieselbe nicht mehr lebenskräftig ist, sondern nur noch vegetirt."

2. Anhänger von Herzen

a. Der katholischen Kirche: Die Armen, das Landvolk, Menschen aller Stände, die gesunden Verstand und kräftiges Gemüth bewahrt haben, und die nicht sinnlich oder geistig lasterhaft sind.

b. Der Freimaurerei: Großentheils Personen, welche man im Badischen die Intelligenz heißt, d. h. Menschen, welche tagtäglich mit dem Spülicht der gewöhnlichen Bierhauszeitungen sich sättigen, dabei mehr Dünkel haben als gesunden Menschenverstand, und entschiedenem Christenthum abhold sind, weil sie die Welt überaus lieb haben. Oben angeführter Gewährsmann zählt die Stände auf, welche vorzugsweise in neuerer Zeit Freimaurer seien; er sagt: „Unfähige, der Intelligenz oder des Talentes entbehrende Kaufleute, Revisoren, Kanzlisten, Aerzte, Partikuliers oder Prediger, ferner in besonders großer Zahl Ladendiener, Schauspieler, Schreiber, Schullehrer, Gastwirthe und Fabrikanten." Uebrigens gestehe ich, um nach beiden Seiten hin gerecht zu sein, daß sehr viele Freimaurer besser sind, als die Freimaurerei, wie umgekehrt die katholische Kirche in ihrem

Geist, ihrer Lehre und ihren Anordnungen unendlich besser ist, als zahllos viele Katholiken persönlich sind.

3. Zweck

a. **Der katholischen Kirche:** Das was der Sohn Gottes an Wahrheit, Erlösung und Gnade auf die Erde gebracht, fortwährend in seinem Auftrag der Menschheit mit= und austheilen; oder mit andern Worten die Menschen anleiten zu ihrer Bestimmung, Gott zu erkennen, zu lieben, ihm zu dienen und ewige Glückseligkeit zu gewinnen.

b. **Der Freimaurerei:** Angeblich Wohlthätigkeit, und in Geheimniß verhüllte Weisheit. In Wahrheit aber sind die Freimaurer keineswegs einig über den Zweck ihrer Gesellschaft. Der Eine ist stellenhungrig und tritt ein um befördert zu werden, der Andere ist eitel und meint mehr Respekt sich zuzuziehen, wenn es heißt, er sei Freimaurer; ein Dritter liebt, öfters Anlaß zu feiner Schmauserei zu haben; ein Vierter hofft in der Gesellschaft so vieler aufgeklärter Ehrenmänner die zeitweilige Unruhe über seinen Abfall von der Kirche zu stillen.

4. Thätigkeit und Natur

a. **Der Kirche:** Jugendunterricht, Predigt, Spendung der hl. Sacramente, Gottesdienst, Missionen bei Christen und Heiden, offenes Bekenntniß bis zum Martyrerthum, Aussendung der Priester zu Gefangenen, Kranken und Sterbenden; Orden und Bruderschaften für mannigfache Noth des Leibes und der Seele.

b. **Der Freimaurerei:** Essen und Trinken, fastnachtartige Ceremonien, Reden voll sinnloser Phrasen,

Geheimnißkrämerei, Ausschluß der Jugend, des weiblichen Geschlechtes, Beeinträchtigung derjenigen, welche keine Lust oder nicht genug Geld haben um Freimaurer zu werden, feiges Ducken, sobald Gefahr oder Unannehmlichkeit dem Freimaurer entgegentritt. Für die Maurerei hat sich noch keiner martern lassen, freilich wäre auch Jeder ein Narr, der es thäte.

5. Fort= und Ausgang.

a. Des ächten Katholiken: Er wachst in Religiosität, Gewissenhaftigkeit und jeder Tugend. Auf dem Sterbbett hat es noch niemals einen Menschen gereut, wenn er als guter Katholik gelebt hat, sondern es hat ihn mit großem Trost und Zuversicht erfüllt.

b. Des ächten Freimaurers: Licht und Aufklärung d. h. sein Unglaube wird immer dicker; sein Hochmuth immer satter; und je näher er dem Tod kommt, desto inbrünstiger klammert er sich an die Welt. Wenn er endlich auf dem Todbett liegt, so stirbt er entweder in Verstockung und fällt mit allen seinen Sünden dem ewigen Richter in die Hände, oder der nagende Wurm die Gewissensangst laßt sich nicht mehr betäuben, dann verlangt er vielleicht mit der Kirche sich zu versöhnen und die hl. Sterbsacramente zu empfangen, wenn er sich etwa nicht scheut vor den Maurerbrüdern katholischen Glauben zu zeigen.

Abschluß.

„Die Quelle lebendigen Wassers haben sie verlassen und suchen dafür unreine Cisternen auf." Während die katholische Kirche Alles besitzt, was die Seele diesseits und jenseits zum Frieden zu führen vermag, so kehrt der Freimaurer seiner Kirche den Rücken und betäubt mit dem Fusel und den Gaukeleien der Maurerei die Regungen des Gewissens. Wenn der Mops krank ist, frißt er Gras, statt gesunde Nahrung.

Gegenwärtig aber gleicht das ganze Freimaurerthum einem alten Branntweinfaß, welches aus allen Fugen rinnt. Weit und breit ist die Luft voll Dunst davon; im Faß selbst aber bleiben mehr die abgestandenen wässerigen Theile zurück. Was früher in den Logen verschlossen gebräut wurde: Bestrebungen nach Umsturz neben sanftem Wedeln und Ducken vor Allen, die gerade Gewalt haben einerseits, und andererseits Feindschaft gegen ernstliches Christenthum, besonders gegen die katholische Kirche, hat sich über einen großen Theil der Stadtbevölkerung in Europa verbreitet, in manchen Orden mit solcher ätzenden Schärfe, daß die Freimaurer sich hier zu Land ziemlich zahm dagegen ausnehmen.

Um den rebellischen Geist, insofern sich derselbe dem weltlichen Regiment zukehrt, kümmere ich mich nicht viel. Wenn die, deren Amt und Interesse es ist hier zu wachen und zu wehren, selber vergnüglich zusehen, wie am Ast des historischen Rechtes, worauf ihr Gesäß ruht, rastlos gesägt wird: so wird nur der Sturz selber zur Besinnung verhelfen — freilich zu spät. Vielleicht erleben wir das nächste Exempel an dem König Gutedel in Turin. Hingegen bin ich so frei, zum Schluß noch Einiges über die Abtrünnigen und Rebellen der katholischen Kirche zu sagen, mögen sie Freimaurer sein mit

Schurzfell und allerlei Blech, oder mögen sie nur dem Geist nach zur Synagoge der Freimaurer gehören.

Ein ausgezeichneter Naturforscher hat die Beobachtung gemacht, daß der Boden, wo Urwald ausgerottet wurde, anfänglich in ungeheurer Fruchtbarkeit Getreide bringt; wenn er aber später nicht mehr bebaut wird, so komme weder Getreide noch erhebe sich wieder ein Wald, sondern das elendeste Unkraut. — Als der Urwald des Heidenthums bei unsern Voreltern gelichtet und das Christenthum angepflanzt wurde, hat es reiches kräftiges Gedeihen gehabt. Jetzt scheinen Viele zum ausgesogenen Boden zu gehören; das Christenthum gedeiht nicht mehr bei ihnen, aber eben so wenig entsteht wieder der kräftige Wald. Eine solche glaubensleere Stadtherrengeneration ist unendlich erbärmlicher, als das frühere Heidenvolk. Gerade die tüchtigsten Heiden haben sehr entschieden Religiösität gezeigt, so die Helden im Homer, die Römer zur Zeit der größten Blüthe; so jetzt noch allenthalben der Morgenländer, so lange er nicht durch liederliche Franken verdorben ist. Deßgleichen zu allen Zeiten und in allen Ländern, wo ein christliches Volk wahrhaft lebensfrisch war, da war es auch religiös. So das teutsche Volk zur Zeit seiner nationalen Größe, so die tapfern Kreuzritter, so die ersten und muthigsten Kämpfer gegen den welschen Tyrannen, die Spanier und Tyroler, so noch die beste Substanz der heutigen Generation, das Bauernvolk. Hingegen ein namhafter Theil unsers Herrenvolkes ist moralisch betrachtet wahres Gesindel, bankerot geworden am Christenthum; sie sind zu weichlich und zu feig an die Ewigkeit zu denken und zu glauben, und überlassen deßhalb die Religion ihren Frauen und Töchtern. Selbst eine ordentliche Christenmagd verachtet im Innern einen solchen religionsleeren Schnauzer. Es ist nämlich eine geschichtlich herausgestellte Thatsache, daß wenn eine Bevölkerung herabsinkt, in dem Frauengeschlecht noch einige Zeit lang eine Tüchtigkeit des Seelenlebens bleibt, welche bei den „Mannen" ausgegangen ist.

Während Viele für das Christenthum zu schlecht geworden und daraus herabgerutscht sind, wie ein Betrunkener vom Stuhl, so halten sie ihre Lage unter dem Tisch, wo sie allerdings vom Himmel nichts mehr sehen, für die Höhe der Zeit, von welcher sie auf das gläubige Volk herabblicken. So schreibt z. B. ein derartiges Subjekt in der Allg. Zeitung Nro. 78 über Fallmerayer: „Aus dem bis auf gestern und heut vom Reich der Gedanken streng abgeschlossenen Tyrol mußte der Mann hervortreten, welcher den weiten Kreis des Wissens beherrschen, die freie Höhe des Gedankens ersteigen, die Rechte der Vernunft und Menschenwürde gegen Aberglauben und Geistesknechtung in einer schweren Zeit des Druckes und des Uebermuthes vertheidigen sollte." Dieser Licht-Mann hat sicherlich gemeint, er stehe besonders selbstpersönlich auf den Zinnen der obersten Geisteshöhe und schmettere in jenen Worten 48pfündige Gedanken herab; und was ist daran? gespreizte Phrasen, Dampf und zu Dintentropfen geronnener Hochmuth.

Ein derartig aufgeklärter Stadtherr meint z. B. er thue einem Katholiken, der seiner Kirche treu ist, eine so ungeheuere Schmach an, wenn er ihn „fromm" heißt, als wenn man ihn, den Stadtmenschen, einen „Esel" heiße. In ihrem dünkelhaften Blödsinn ahnen diese Leute nicht, daß gerade in der Frömmigkeit der höchste geistige Adel liegt. Der fromme Mensch ist es, welcher ganz eigentlich ein Philosoph im besten Sinn des Wortes genannt werden kann. Jede Philosophie beschäftigt sich mit dem Wesen, dem letzten Grund aller Dinge. Der letzte Grund und Urheber der Natur und Geisterwelt ist aber Gott, und gerade der wahre lebendige Gott ist es, womit sich der Fromme täglich beschäftigt. Ihr aufgeklärte religionsscheue Herren seid in gewissem Sinne auch anbächtig, aber nicht nach Oben, sondern nach Unten. Ihr gleichet einem Schmetterling, dem die Flügel ausgerissen sind, und der deßhalb elender als ein Wurm am Boden sich windet. Der wahre Gott ist euch zu groß, darum habt ihr euch kleine Götter gemacht, und errichtet ihnen Denkmäler und haltet ihnen Speis= und Trankopfer; eure Götter sind z. B. Männer, die sich in Kunst oder Wissenschaft bemerklich gemacht und zugleich vom Christenthum abgekommen sind, (was euer Herz besonders für sie einnimmt,) oder Minister, welche Besoldungszulage ordiniren können, oder ein gottloser Rebell, oder ein Fortschritts=Trompeter in dem Abgeordnetenhaus, oder ein Theaterweibsbild, und ganz besonders das herrliche hoffärtig geschwollene Ich. Im Vergleich zum wahren Christen seid ihr daher gerade das, was eure Andacht selbst ist, im genauen Sinn des Wortes niederträchtig.

Es wachst aber gegenwärtig nicht wie sonst zu Zeiten das Gute und Böse ruhig neben einander, sondern wie vor einem Gewitter die Milch gerinnt, so gerinnen und scheiden die Geister auseinander; daher kommt eine Anfeindung des entschiedenen Katholicismus, wie sie schon lange nicht mehr so grimmig hervorgetreten ist. So begnügt man sich z. B. nicht mehr damit katholische Gesellenvereine unliebsam anzusehen, sondern Herren, welche ihre Lebtage sich nie um den armen Gesellen gekümmert haben, suchen Gesellschaften von Arbeitern zu gründen, welche sich verbindlich machen kein christliches Zeichen, am allerwenigsten ein katholisches, an sich merken zu lassen, und unterstützen dieselben mit Geld, Bier und Blechmusik. Da hingegen in einer gewissen Stadt harmlose arme Dienstboten in einem Schulzimmer an Sonntagen sich versammelten, um eine Nachmittagsstunde zur Belehrung und erbaulichen Lesung daselbst zuzubringen, wurden sie von den Aufklärungsvögten daselbst ausgetrieben, bloß deßhalb, weil man einen katholisch-religiösen Verein darunter witterte.

So geht es nah und fern. In Wien verläugnet der Gemeinderath alles Ehrgefühl für die eigene Confession und entzieht dem katholischen Gesellenverein den frühern Beitrag, weil der Verein bloß katholisch sei, vielleicht um Ihrer Gnaden dem Herrn von Israel und dem Herrn von Gustav-Adolf unterthänigst die Hand zu küssen. Auf religionshässige Wühlerei hin werden Ordens-Schwestern in dem großen Spitale von Wieden vorerst verleumdet, dann nach gepflogener Untersuchung schuldfrei gefunden, dann von einer Behörde, welche mehr Furcht vor Zeitungen und den Lazzaroni der Kaffeehäuser zu haben scheint, als vor Gott, verabschiedet und die armen Kranken beliebigem Lohn-Personal und einem Klub von 24 Sanitätskünstlern überlassen, wovon 16 leibhaftig beschnittene

Juden sind. In Bayern wird ein bedeutender Gelehrte in einen kleinen Ort mit einer kärglichen Besoldung verbannt, weil er unliebsam katholischen Laut von sich gab; die Jesuiten aber dürfen gar nicht in's Land, sie könnten das „zu" katholische Volk in seiner Gesinnung noch mehr verhärten. Dafür sucht man das Land hell zu machen, indem man für theures Geld der katholischen Kirche abholde, auf die Beschneidung Teutschlands versessene Nationalvereinler kommen ließ, z. B. einen Sybel, welcher die Geschichte zu kleindeutschem Teig zerknetet.

Werfen wir noch einen Blick auf Süd und Nord.

Kürzlich plündert der protestantische Großrath von Zürich ein tausendjähriges Kloster aus und raubt alle seine Güter; ein Raubritter setzt noch Blut und Leben daran bei seinem Geschäft, allein diese Sesselritter in Zürich wenden nur die feige plumpe Gewalt der Majorität an. Da ein Jesuit vor Kurzem in Basel nur gemeinsam Christliches predigte, fand sich die oberste Bundesbehörde in Bern bemüßigt, in diese erschreckliche Sache sich einzumischen. In Basel selbst darf aber bis auf den heutigen Tag nie von Katholiken eine Glocke geläutet, und nie ein Katholik Bürger werden, wenn er nicht persönlich oder durch die Kinder von seinem Glauben abfällt, obschon 10,000 Katholiken in Basel leben. Wie sieht es an der nördlichen Grenze von Teutschland aus? Während mancher Katholik sein Blut vergossen hat in dem verpreußifizirten Krieg für Holstein, und das „meerumschlungene" Holstein fortwährend nach teutscher Hülfe ächzet: so unterdrückt die über Unterdrückung jammernde Volksvertretung dort selber die Katholiken und erweist sich viel intoleranter als Dänemark. Erst vor wenigen Jahren hat dem Landesgesetz gemäß die Behörde einen Katholiken, der mit einer lutherischen später katholisch gewordenen Frau katholisch getraut wurde, bedroht, daß seine Ehe als Concubinat behandelt und er in Unzuchtstrafe verfällt werde, wenn er nicht hintennach lutherisch sich kopuliren und die Kinder lutherisch taufen lasse; ja diese Eheleute durften wirklich nicht mehr beisammen wohnen, um nicht vom Grimm der gesetzlichen Religionsverfolgung ergriffen zu werden. Was hat man für ein unendliches Geschrei erhoben, weil das getaufte Judenbüblein Mortara nicht in die Hände Israels ausgeliefert, sondern christlich erzogen wurde. Hingegen schweigen die Fortschritts-Zeitungen, da das gefesselte Holstein den Rest seiner freien Bewegung benützt, um die Katholiken im Theuersten, was das Menschenherz hat, im Verkehr mit Gott, gesetzlich zu peinigen und zu stranguliren. Aehnlich macht es Braunschweig und Mecklenburg.

Derartige Beispiele ließen sich noch zahllose aus verschiedenen Gebieten anführen, wie Haß und Verfolgungssucht gegen das Katholische in den meisten Ländern Europa's gährt und kocht. In der protestantisch wedelnden Allgemeinen Zeitung berichtet Einer tiefentrüstet, daß kürzlich in Oesterreich ein protestantischer Leichnam nicht ungehindert auf einem katholischen Kirchhof angepredigt werden durfte. Das ist eine wahrhaft lächerliche Kleinigkeit gegen die grobe, dicke Intoleranz, welche in Teutschland und in der Schweiz gegen katholisches Leben ausgeübt, und zwar nicht nur von Herren-Juden und Protestanten, sondern auch von abgestandenen Katholiken. Vielfältig werden solche Feindseligkeiten gegen die katholische Kirche hauptsächlich den Freimaurern auf die Rechnung geschrieben. Allein es ist schwer, das Gebührende hierin auszuscheiden; denn wo katholisches Bekenntniß in Wort und That sich stärker ausprägen will, regt sich allenthalben Haß, Verfolgungssucht und gemeine Lüge, sowohl innerhalb als außerhalb des Tempels Salomonis.

Doch jetzt ist es Zeit zu enden. In Brescia steht auf dem Kirchhof ein großer Leuchtthurm, von dessen Spitze Tag und Nacht ein flammendes Licht strahlt. Es gilt nicht den Schiffern auf dem Wassermeer, sondern denen, die noch auf dem Lebensmeer umher sich treiben; es ist an Alle eine fortwährende Erinnerung, wo der Schnellzug eines jeden Menschenlebens ausmündet. Nun wird freilich Jeder in jenen Hafen des Todes einlaufen, er mag daran denken oder nicht. Die große Frage ist nur: was hernach?

Schauen wir diesem „Hernach" ernstlich in's Gesicht. Ist mit dem Tod Alles fertig? Alle Völker, welche einigermaßen geistig entwickelt waren, haben jeder Zeit gesagt: Nein. Millionen Martyrer haben dargethan, daß die Ueberzeugung von der Unsterblichkeit der Seele stärker ist, als der stärkste Naturtrieb; und was dem lebendigen Leib und seinem Selbsterhaltungstrieb widerstehen kann, muß auch ohne den Leib noch etwas sein und bleiben. Bei Vielen, welche die Unsterblichkeit der Seele läugnen, bricht der Glaube gewaltsam wieder hervor auf dem Todbett, wie z. B. bei

H. Heine. Wer sind andererseits die, welche die Seele todt haben wollen? Merkwürdiger Weise findet man solche unter Studierten und unter den gemeinsten Lumpen auf dem Dorf. Und doch ist der Bestimmungsgrund bei beiden ziemlich mit einander verwandt. Die wenigen eigentlich Gelehrten abgerechnet, deren Geisteshoffart sich in ein Denklabyrinth verwickelt hat, worin sie das Leben der eigenen Seele erwürgen, — so ist dieser Aberglaube ein Irrlicht, aus dem Sumpf leiblicher oder geistiger Liederlichkeit aufgestiegen. So lange Einer durch Bier und Blut und einige Hegelsphrasen oder Moleschottische Stoff- und Kraft-Ideen betrunken in entsprechender Gesellschaft sitzt, da ist es freilich eine beschlossene Sache, daß die Seele verdampfe und unschädlich gemacht werde mit dem Tod. Allein es wetterleuchtet dennoch zeitweise Gewissensschrecken im Innern, und die unheimliche Ahnung von einem Jenseits gährt in schlaflosen Nächten. Denn die Unsterblichkeit gehört zum Wesen der Menschenseele und läßt sich so wenig hinwegdisputiren, als ein Stern von Wolkenzug und Sturmwind sich vom Platz bewegen läßt.

Ein anderes Hernach. Um gerecht zu sein, muß zugestanden werden, daß die Mehrzahl der Freimaurer nicht zu dem Aberglauben herabgesunken ist, als habe der Mensch nur eine Seele wie ein Schwein oder ein Frosch, die zu nichts da sei, als um den Leib auszustopfen, damit er laufen, verdauen und die Augen auf und zumachen könne. Im Gegentheil, die Freimaurer reden von einem „großen Orient", von einem „ewigen Osten", von einem Leben nach dem Tod. Aber in ihrem großen Orient sieht es gerade so aus, wie in ihrer schwarzen Kammer; man sieht nichts drin, kann sich aber desto mehr den Ausmalungen seiner Einbildung beliebig überlassen. Alle ehemalige Christen, welche aus Höllenangst die Hölle läugnen, aber die Unsterblichkeit der Seele noch gelten lassen, träumen sich „ein besseres Jenseits" von allen Farben, wo ihnen reichlich und herrlich vergolten wird, daß sie nicht für das Zuchthaus sich qualifizirt und auch zuweilen etwas gelitten haben, z. B. Zahnweh oder Sodbrennen. Viele aber mögen sich gar keine Gedanken über das Jenseits machen, sie leben vergnügt in den Tag hinein und setzen voraus, auch in der andern Welt könne es ihnen nicht fehlen, da sie ja Leute von Stand und Bildung seien.

Aber so wenig das eiserne Naturgesetz sich nach unsern Einbildungen richtet, so wenig die Wirkung des Giftes deßhalb ausbleibt, weil ein Mensch aus Unwissenheit es genossen hat; so wenig und noch weniger werden die Geistergesetze sich nach den Einbildungen richten, womit sich der Lebemann über das Jenseits tröstet.

Wo gibt es aber sichere Auskunft über das Hernach? — Derjenige, welcher das Diesseits und Jenseits erschaffen hat, welcher den Menschen durch das Siegel der Unsterblichkeit, durch den Geist, vor allem Sichtbaren ausgezeichnet hat, welcher durch das Gewissen und den freien Willen in jeder Seele ankündigt, daß es eine Rechenschaft geben wird: der hat uns auch noch in besonderer Weise geoffenbart, was unsere Aufgabe in diesem Leben ist und was hernach kommt. Diese göttliche Offenbarung sagt nun ausdrücklich: „Es ist einem jeden Menschen bestimmt einmal zu ster=

ben, und nach dem Tod kommt das Gericht." So gewiß der Tod kommt, so gewiß kommt das Gericht; und dieß Gericht ist nach der Lehre der Offenbarung sehr genau und streng, es geht bis zum nichtsnutzigen Wort und bis zum bösen Gedanken und bis zur Unterlassung des guten Werkes. Nicht daran glauben, führt zu dem, was der Herr den ungläubigen Juden droht: „Ihr werdet sterben in euern Sünden." Daran glauben, weckt allerdings die Gewissensangst; denn wer ist ohne Sünde, ohne viele Sünden? — Was ist nun da zu thun? Rath und Hülfe ist nicht zu finden bei den Freimaurern oder in Zeitungen und anderm Papier, sondern nur bei der Kirche. Sie ist das Einzige, woran sich der Mensch halten kann im Leben und Sterben; sie hat von ihrem Stifter nicht nur das Amt seine Offenbarung zu verkünden, sondern auch die Gewalt Sünden zu vergeben Jedem, der bußfertig einem geweihten Priester beichtet. Solches bestätigt auch die Erfahrung, insofern, als unmittelbar nach der priesterlichen Lossprechung die heftigsten Gewissensbisse zur Ruhe kommen, wie der aufgestürmte See auf das Machtwort Christi. Mag in der Vergangenheit auch schwere Versündigung liegen, jeder Mensch kann noch sein Heil für das Jenseits retten, wenn er mit Reue und Treue sich zur Kirche wendet. In dieser gottmenschlichen Erziehungsanstalt kann Jeder, der eines guten Willens ist, die Wahrheit, die Leitung und die übernatürliche sacramentale Hülfe finden, um zu einer unendlichen Glückseligkeit jenseits zu gelangen.

Es ist, wie Friedrich Schlegel sagt, etwas furchtbar

Ernstes um das Menschsein; denn es kann Keiner ausweichen, einmal ewig glückselig oder ewig unglückselig zu werden. Wer die Wahrheit und Gnade, welche ihm Gott durch die Kirche anbietet, ungläubig verschmäht, gleicht dem Vogel Strauß, der den Kopf in den Sand steckt, um die Angst vor dem nahen Jäger zu vertreiben. Die Offenbarung und Kirche ist genugsam beglaubigt für Jeden, der redlich die Wahrheit will. Nun aber ist Christus allein der Weg, die Wahrheit und das Leben; Niemand kommt zum Vater, als durch ihn. Darum übt Jeder eine unsägliche Ruchlosigkeit an der eigenen Seele aus, welcher diesen hohen Kaufpreis unserer Erlösung verschmäht und ohne christliche Religion leben und sterben will. Der Heide, Türke, Jude mag sehr oft in Betreff seines Unglaubens ohne Schuld sein. Wer aber im Christenthum erzogen ist, und aus moralischer Feigheit, Weichlichkeit oder Geisteshoffart sich davon abwendet und dafür mit den gedankenleeren Modewörtern von Licht, Aufklärung, Gewissensfreiheit, Fortschritt leichtfertig sich beruhigt, der trägt das Zeichen der Verdammung an sich; wie ein schweres scharfes Schwert droht ihm entgegen das Wort des Herrn: „Wer nicht glaubt, wird verdammt werden."

Am Feste der hl. Apostel Peter und Paul 1862.

Buchdruckerei der Herder'schen Verlagshandlung in Freiburg.